expressiv & explOHRativ

Musikalische Improvisation in der Schule

Reihe Improvisierte Musik & Kreative Musikpädagogik Band 1

expressiv & explOHRativ
Musikalische Improvisation in der Schule

Herausgegeben von Reinhard Gagel und Matthias Schwabe

Gefördert vom

BERLINER PROJEKTFONDS
KULTURELLE BILDUNG

Bibliografische Information der Deutschen Nationalbibliothek:
Die Deutsche Nationalbibliothek verzeichnet diese Publikation in der Deutschen
Nationalbibliografie; detaillierte bibliografische Daten sind im Internet über
http://dnb.dnb.de abrufbar.

© 2013 Lilli-Friedemann-Stiftung
für improvisierte Musik und kreative Musikpädagogik
Berlin

Übersetzung der englischen Texte von Ariel Shibolet und David Dove:
Schirin Zareh und Matthias Schwabe

Fotonachweis: Patricia Book (S. 126, 127 oben), Herbert Leupoldt (S. 70-72),
Matthias Schwabe (S. 42-44, 93-95, 127 unten, 128)

Herstellung und Verlag: BoD – Books on Demand, Norderstedt

ISBN: 978-3-8482-5403-3

Inhalt

Matthias Schwabe

„expressiv & explOHRativ":
Musikalische Improvisation an die Schule!

„Musikalische Improvisation vereinbart in einzigartiger Weise persönlichkeitsbilden-de Aspekte mit musikalischem Lernen und der Befähigung zum praktischen Musizie-ren. Um das Spektrum dieser Arbeitsweise auszuloten, werden im Schuljahr 2011/12 WorkshopleiterInnen aus dem Umfeld des *exploratorium berlin* in Kooperation mit vier verschiedenen Berliner Schulen vier unterschiedlich konzipierte Teilprojekte rea-lisieren, die auf die Besonderheiten und Bedürfnisse der jeweiligen Klassen zuge-schnitten sind. Prozessorientierte Arbeitsweise, kollegialer Austausch, gegenseitige Hospitationen sowie eine schriftliche Dokumentation und Auswertung sind zentrale Bestandteile des Konzepts. Den Abschluss bildet eine eintägige Veranstaltung, die einerseits die Dokumentation und Auswertung präsentiert, andererseits Perspektiven für nachhaltiges kreatives und künstlerisches Arbeiten an Schulen entwickelt."

So lässt sich in komprimierter Fassung das Projekt *expressiv & explOHRativ – Musi-kalische Improvisation in der Schule* beschreiben, welches im vorliegenden Buch vorgestellt und ausgewertet werden soll. Mit dem zitierten Text bewarb sich die *Lilli-Friedemann-Stiftung* als Träger des Veranstaltungszentrums *exploratorium berlin* beim Berliner *Projektfonds Kulturelle Bildung*, der dafür eine Projekt-Förderung ge-währte.

Das 2004 gegründete *exploratorium berlin* versteht sich als Zentrum für improvisierte Musik und kreative Musikpädagogik. Es beschäftigt sich mit sogenannter „Freier Im-provisation" als besonderer Form künstlerischer Praxis ebenso wie musikalischen Lernens. Konzerte mit VertreterInnen der internationalen Improvisationsszene, Work-shops mit erfahrenen KursleiterInnen und offene Treffpunkte für Menschen, denen das Improvisieren (nicht nur in der Musik) am Herzen liegt, bilden die drei sich er-gänzenden programmatischen Schwerpunkte.

Die Bezeichnung „Freie Improvisation" bedeutet dabei keineswegs, dass jede und je-der tun kann, was er oder sie will. Der Begriff „frei" heißt lediglich: frei von verbind-lichen stilistischen Vorgaben, wie sie bei einer Improvisation im Jazz, in indischer

7

Musik, in Barockmusik u.ä. unabdingbar sind. Vielmehr liegt das musikalische Material frei verfügbar und allen Interessierten offen zugänglich vor: der Klang an sich, *jeder* Klang, *jedes* Geräusch, *alles* was klingt, sofern ich es als Spieler für „passend" erachte. Das schließt natürlich auch das Gegenteil von Klang mit ein – die Stille. Der praktische Umgang mit diesem musikalischen „Urmaterial" führt uns zu Erfahrungen musikalischer Gestaltung. Was klingt wie zusammen? Was folgt sinnvoller Weise aufeinander? Stimmiges und nicht Stimmiges lässt sich voneinander unterscheiden, durch praktisches Erproben entwickelt sich eine Art „musikalisches Sprachgefühl" und ein Gespür für musikalische Dramaturgie. Improvisieren lernen heißt in der Freien Improvisation eben gerade nicht „Alles ist möglich!", sondern vielmehr „Versuche wahrzunehmen, was jetzt sinnvoll wäre!".

Insofern setzt Freie Improvisation unmittelbar bei musikalischer Gestaltung an und überspringt all das, was konventioneller Unterricht als Voraussetzungen des Musizierens für unabdingbar hält: Noten lesen, Instrumentaltechnik, Musiktheorie. Und auch: Intonation, metrische Stabilität, tonales Empfinden. In der Freien Improvisation können auch das Wischen an einer Wand, der Klang eines hüpfenden Tischtennisballes und das Rollen einer Murmel auf einem interessanten Untergrund musikalisch wertvoll sein. Notwendige zu erwerbende Eigenschaften und Fähigkeiten sind hierbei: Offenheit für Ungewöhnliches, Wachheit, die Bereitschaft zu lauschen, zu experimentieren, zu interagieren. Daraus entsteht die Fähigkeit musikalisch zu gestalten.

All dies verschafft der Freien Improvisation eine Sonderstellung in der musikpädagogischen Arbeit. Viele Menschen, die sich bisher für unmusikalisch hielten oder von technikbesessenen Musikpädagogen musikalisch traumatisiert wurden, entdecken hier ihre musikalischen Potentiale, finden eine Möglichkeit, sich musikalisch auszudrücken – frei von technischem Ballast. Und: Jedes Kind und jeder Erwachsene kann sofort mit dem Musizieren beginnen. Ohne jede Voraussetzung.

In letzter Zeit signalisierten immer mehr Lehrer Interesse an dieser Musizierweise. Bereits im März 2011 wurde ein Projekt mit einer 4. Klasse der Scharmützelsee-Grundschule realisiert, bei welchem der israelische Saxophonist und Improvisationsmusiker Ariel Shibolet eine Woche lang mit den Kindern improvisatorisch arbeitete. Dieses Projekt endete mit einem eindrucksvollen Abschlusskonzert der Kinder, das Hunger nach „mehr" machte. So entstand die Idee, ein Jahr später mit derselben Klasse eine weitere Woche lang zu arbeiten und zu erkunden, wie weit die improvisatorischen Fähigkeiten der Kinder sich entwickeln ließen.

Bereits zuvor war im *exploratorium* eine Arbeitsgruppe *KreSch – Kreative Schule* entstanden, die darin mündete, ein konkretes Projekt für die benachbarte Adolf-Glaßbrenner-Grundschule zu konzipieren.

Desweiteren äußerten Lehrerinnen aus zwei anderen benachbarten Schulen, der Sekundarschule Bergmannstraße sowie der Lenau-Grundschule, Interesse an einer Kooperation.

So standen im Frühjahr 2011 vier Projektwünsche für das Schuljahr 2011/2012 an. Da sie aus konkreten Kontakten zu LehrerInnen der jeweiligen Schulen entstanden waren, repräsentierten sie allerdings nicht das gesamte Spektrum der Berliner Schullandschaft. Alle vier Projekte hatten ganz unterschiedliche Schwerpunktsetzungen: Soziales Lernen, Sprachbildung, musikalische Basiserfahrungen, Fortführung bereits im Vorjahr begonnener künstlerischer Arbeit. Sie umfassten ganz unterschiedliche zeitliche Rahmen: Zwei Projekte waren einwöchig, eines zog sich über ein ganzes Schuljahr mit einmal wöchentlichem Unterricht hin und ein weiteres war in vier aufs Jahr verteilte dreitägige Phasen gegliedert. Einige Projekte fanden in der Schule statt, andere in den Räumen des *exploratoriums*. Außerdem waren die Projekte von ganz unterschiedlichen Leiter-Persönlichkeiten geprägt: zwei Musiktherapeutinnen, mehrere InstrumentalpädagogInnen mit Erfahrungen in improvisatorischer Gruppenarbeit, die meist aus der methodischen Richtung von Lilli Friedemann und Matthias Schwabe stammten, sowie ein international renommierter Improvisationsmusiker, der in seinem zweiten Beruf mit Kindern arbeitet und einen ganz eigenen Ansatz für die Vermittlung improvisierter Musik hat.

Diese Vielfalt verstanden und verstehen wir als Bereicherung. Wir wollten den Reichtum dessen zeigen, was Improvisation vermitteln kann. Wir wollten zeigen, wie unterschiedlich die methodischen Ausgangs- und Ansatzpunkte sein können, was die einen und was die anderen zu erreichen vermögen. Wir wollten voneinander lernen und unsere eigenen methodischen Herangehensweisen bereichern durch das, was wir als die Stärken unserer KollegInnen erleben.

In dem vorliegenden Buch werden die vier Projekte von den WorkshopleiterInnen beschrieben und ausgewertet. Auch hierbei ist die Vielfalt Prinzip: Die AutorInnen haben ganz unterschiedliche Herangehensweisen gewählt und verschiedenartige Gewichtungen dessen, was ihnen berichtenswert erscheint, vorgenommen.

„Live" haben wir diese Auswertung bereits vorgenommen: in einem Symposion vom 24. – 25. August. Die Abschluss-Diskussion haben wir transkribiert und in dieses Buch mit aufgenommen, weil darin die vielen noch offenen Fragen zu unserer Thematik in sehr prägnanter Weise angesprochen wurden.

Ein Buch kann als Dokumentation praktischen Musizierens natürlich nur ein unvollständiges Hilfsmittel sein. Deshalb stellen wir auf unserer Internetseite
http://exploratorium-berlin.de/schulprojekt-20122013/

Audio- und Video-Dateien zur Verfügung, welche die praktische Arbeit sichtbar und hörbar. Unser Autor Ariel Shibolet hat einige der Dateien aus seinem Projekt auch auf seine eigene Seite gestellt: www.arielshiboletmusic.com.

Wir erhoffen uns mit diesem Buch die Relevanz improvisatorischen Arbeitens in der Schule verdeutlichen zu können und unter denen, die bereits praktisch damit arbeiten, Denk- und Diskussionsanstöße über verschiedene Methoden, notwendige Rahmenbedingungen und sinnvolle Perspektiven zu bieten.

Ariel Shibolet

Wach – aktiv – interaktiv: Freie Improvisation in der Grundschule

Kooperationspartner:	Scharmützelsee-Grundschule mit Klassenlehrer Klaus Emrich
Kinder:	Klasse 5a (22 Kinder)
Workshopleiter:	Ariel Shibolet (Tel Aviv, Israel)
Dauer:	19. – 25. März 2012: Workshop Mo – Fr, je 4–6 Stunden
	Fr abends Konzert, Samstag und Sonntag Tonaufnahmen
Gruppengröße:	täglich je 2 Stunden mit halber Klasse
	zusätzlich bis zu 2 Stunden mit ganzer Klasse
Unterrichtsort:	Musikraum der Scharmützelsee-Grundschule
Präsentation:	Abschlusskonzert im exploratorium berlin am 23. März
CD-Aufnahmen:	24. – 25. März 2012 im exploratorium berlin

Grundidee: Die Klasse hatte bereits im Frühjahr 2011 eine Woche lang mit Ariel Shibolet gearbeitet und ein fast einstündiges Konzert gestaltet, das sowohl musikalisch als auch hinsichtlich der Aufmerksamkeit der Kinder füreinander sehr eindrucksvoll war. Daraus entstand der Wunsch von Seiten des Workshopleiters, des Lehrers und der Kinder, mit der Klasse eine weitere Woche zu arbeiten und die angelegten musikalischen, sozialen und personalen Kompetenzen weiter zu entwickeln. Den Abschluss bildete diesmal neben einem Konzert im exploratorium die Produktion einer CD.

In den letzten Jahren war ich in einige Musikprojekte mit Kindern eingebunden, in denen es darum ging, Lernprozesse auf dem Gebiet der improvisierten Musik zu initiieren. Diese Projekte liefen sehr befriedigend ab, weil darin zwei meiner Interessengebiete zusammen kamen: Musizieren und die Arbeit mit Kindern. Seit über zwanzig Jahren tue ich beides. Ich improvisiere auf dem Saxophon und ich arbeite als Feldenkrais-Lehrer mit Kindern im Alter von 2 – 10 Jahren, wobei ich „Lernen durch Handeln" entwickle, eine Methode, die dazu dient, Lernprozesse für und durch Bewegung, Körper und sensorische Arbeit anzuregen.

Die Projekte für improvisierte Musik mit Kindern vereinen diese beiden Welten und forderten mich heraus, das, was ich über Musik und spontanes Musikerfinden weiß, mit dem zu verknüpfen, was ich über Kinder gelernt habe, insbesondere über Lernen im Spiel.

Nach Berlin zu kommen und die Kinder der fünften Klasse zum zweiten Mal innerhalb von zwei Jahren wieder zu treffen, war sehr aufregend. Ich kannte sie. Wir hatten im Jahr zuvor zusammen gespielt und gelernt und wir hatten großartig miteinander gearbeitet und musiziert.

Künstlerisch bedeutungsvolle Musik erschaffen

Ich wusste, dass sie mich erwarteten und auch ich selbst war voller Erwartung. Ich hatte mir über mögliche Entwicklungen und Übungen Gedanken gemacht. Auch fragte ich mich, ob wir auf das, was wir im Jahr zuvor erarbeitet hatten, überhaupt noch zurückgreifen könnten. So war ich gespannt herauszufinden, was wir diesmal musikalisch noch alles erreichen könnten.

Die Antwort auf diese Frage war erstaunlich und ließ mich mit vielen Gedanken und Erkenntnissen zurück, die noch in mir arbeiten. Ich musste meine Sicht und Wahrnehmung im Bezug auf die musikalische und künstlerische Betätigung von Kindern zu einem beträchtlichen Teil ändern. In vielerlei Hinsicht kommt dieser Akt des Schreibens dem Versuch gleich, meine eigenen Fragen zu verstehen und ihnen nachzugehen. Wie konnte so etwas möglich sein? Wie kam es zustande? Was sagt es über die Kinder aus? Über den Schaffensprozess und die Kunst? Über Musik? Und was lässt sich daraus folgern?

Um die Fragen und Themen, mit denen sich dieser Essay beschäftigt, wirklich zu verstehen, würde ich dringend empfehlen, sich zuerst die Musik anzuhören[1].

Das erste, was mir auffiel, war, dass die Bedingungen, die zum Initiieren von Lernprozessen bei Kindern erforderlich sind, in beiden Medien – Musik und Bewegung – im Großen und Ganzen dieselben sind. Ich konnte also mein Wissen aus dem Bereich Bewegung-Handlung-Verhalten anwenden und auf den Lernprozess im Bereich Musik-Erschaffen-in-Echtzeit übertragen.

---

[1] *Entweder auf der demnächst erscheinenden CD oder anhand ausgewählter Stücke auf meiner website www.arielshiboletmusic.com*

Es ist nicht möglich sich auf dieses Projekt zu beziehen, ohne Klaus Emrich zu erwähnen, den Klassen- und Musiklehrer, ein großartiger Freund und Pädagoge und mein Partner in diesem Projekt, der auch mein Dolmetscher war. Die Gespräche mit ihm, sein Musikverständnis und sein Verständnis für die Kinder und darüber hinaus seine Arbeit mit den Kindern im Verlauf des ganzen Jahres fanden deutlichen Widerhall im Verlauf dieses Projekts. Die positive Einstellung, mit der die Kinder diesem Projekt begegneten, ebenso wie ihr Engagement waren gewissermaßen ein Spiegel für seine Musikbegeisterung und seine Menschlichkeit.

Grundbedingungen für die Schaffung autonomer Lernprozesse

Die nachfolgend beschriebenen Grundbedingungen können in unterschiedlichem Maße vorhanden sein und dabei helfen, qualitativ hochwertige Lernprozesse in der Improvisation zu erreichen. Sie zu verstehen und hervorzuheben ist wesentlich, um autonome Lernprozesse zu fördern. Sie verstärken sich gegenseitig und stehen in vielfältiger Weise miteinander in Verbindung. Einige erscheinen elementar und offensichtlich, aber sie lassen sich in unterschiedlichen Abstufungen anwenden und sind von entscheidender Bedeutung. Je nach Einschätzung des Lehrers können sie intensiviert werden und entsprechend die Qualität des Lernprozesses beeinflussen.

1. Relevanz im Bezug auf Interesse und Schwierigkeitsgrad

Autonomes Erfahrungslernen erfordert einen längeren Prozess von Wiederholungen, im Laufe dessen man seine eigenen Ideen umzusetzen versucht, sich durch Selbstbeobachtung verbessert, Schlussfolgerungen zieht und grundsätzliche Erkenntnisse sammelt. Wenn ein solcher Prozess für das Leben der Kinder von Relevanz ist, wecken wir damit ihre Neugierde und sie werden den starken Wunsch haben, an diesem Spiel „Musikerfinden" teilzunehmen.

Es ist normal, dass Kinder sich für das Erzeugen von Klängen interessieren. Wenn man ihnen ein Instrument vorstellt, wollen sie es spielen und ausprobieren. Improvisiert man für sie in Echtzeit, sind sie normalerweise sehr interessiert daran, eigene improvisatorische Versuche zu unternehmen.

Ein großer Vorteil von improvisierter Musik ist, dass in kurzer Zeit ein hohes künstlerisches Niveau erreicht werden kann, weil einige der technischen Hindernisse aus dem Weg geräumt werden, die zu erlernen eine lange Zeitspanne erfordern würden. *Das erlaubt einen Schwierigkeitsgrad, der auch von Kindern ohne musikalische Vorbildung gemeistert werden kann.*

Verzichtet wird auf folgende technische Hindernisse:
- Präzise Tonproduktion und ihr Einsatz in Melodien
- Gleichmäßiger Rhythmus
- Harmonik
- Notenlesen

2. Zustand der Aufmerksamkeit

Richtet man beim Musizieren seine Wahrnehmung auf das eigene Tun und das klingende Resultat, entsteht ein Zustand von Aufmerksamkeit. Dieser Zustand wirkt sich in vieler Hinsicht positiv auf das Improvisieren aus. Er hilft dem Spielenden seinen eigenen Handlungen und Klangresultaten zu lauschen. Er hilft dem Spielenden, den Klängen und der Musik der anderen im Raum zu lauschen. *Er führt den Spielenden in die volle Präsenz.*

Aufmerksamkeit ist das, was dem Spielenden hilft, Entscheidungen zu treffen. Entscheidungen im Bezug auf sein Spiel, auf dessen verschiedene Qualitäten und auf die Gestaltung der Zeit in Beziehung zum gesamten Geschehen im Raum. Aus diesem Grund ist Aufmerksamkeit unverzichtbar für den Lernprozess. Ein hohes Maß an Aufmerksamkeit kann zu einem erstaunlichen Niveau führen.

3. Transparenter Zusammenhang zwischen der körperlicher Spielbewegung und ihrem klanglichen Resultat

Dieser Aspekt ist beim Erschaffen von Musik normalerweise vorhanden. Er muss jedoch hervorgehoben und ins Bewusstsein gebracht werden: Der Zusammenhang zwischen dem Moment der physischen Manipulation auf dem Musikinstrument und dem Auftreten von Klang. Der Zusammenhang zwischen dem, worin die Aktion besteht, und dem, was klanglich daraus resultiert. Der Zusammenhang zwischen den Qualitäten der Aktion und den Qualitäten des Klangs: Geschwindigkeit, Lautstärke, Dauer von Aktion und Klang (lang, kurz) sowie den ästhetischen Qualitäten.

Bei entsprechender Aufmerksamkeit für Spielbewegung und Klang ist dieser Zusammenhang in unterschiedlichem Maße wahrnehmbar. Auch der Zusammenhang zwischen dem Grad an Aufmerksamkeit und der Qualität des Klangs kann deutlich gemacht werden.

4. Akzeptanz von verschiedenen musikalischen Niveaus, von Unfähigkeit und von Scheitern innerhalb des Lernprozesses

Langeweile und das Gefühl von Unsicherheit während des kreativen Prozesses gilt es zu akzeptieren. Das betrifft die Kinder ebenso wie die Gruppe und den Lehrer.

Lernen, Erfahrung und Spiellust haben Vorrang. Es gilt, eine Situation genau anzuschauen, bevor man ein Urteil fällt und in eine Skala zwischen Erfolg und Misserfolg einordnet. Dies ist ein entscheidender Aspekt, der Experimente und Untersuchungen erlaubt, und Frustrationen überwinden hilft.

5. Wahl der Musikinstrumente

Das Aussuchen von geeigneten Musikinstrumenten für die Kinder ist ein weiterer entscheidender Aspekt der Arbeit. Dies muss mit Bedacht geschehen. Es zeigt, von welchen Präferenzen und Wahrnehmungen sich der Lehrer leiten lässt. Es beeinflusst das Klangresultat und den Lernprozess und bestimmt, was darin zum Tragen kommt bzw. welche verschiedenen Aspekte begünstigt werden. Eine falsche Instrumentenwahl kann den Prozess und das Erlernen einiger der genannten Fähigkeiten vereiteln.

Kriterien für die Wahl von Instrumenten:
- Klangqualität
- Einfachheit des Gebrauchs
- Eine große Bandbreite möglicher Techniken zur Klangerzeugung und dementsprechend vielseitigere Klangresultate
- Hohe Transparenz von Aktion und Klangresultat

Das erste Kriterium bezieht sich auf die Klangqualität, die einem Geschmacksurteil unterliegt, wie etwa: schön oder nicht, interessant oder nicht…, aber auch auf objektivere Aspekte wie die Dauer der Resonanz, dynamische Möglichkeiten und mehr.

Das zweite Kriterium betrifft die Möglichkeiten, dass ein Kind ohne musikalische Vorkenntnisse sowohl die gesamte Bandbreite der Möglichkeiten nutzen als auch das dem Instrument innewohnende Potential ausschöpfen kann.

Das dritte Kriterium bezieht sich auf unterschiedliche Möglichkeiten der Handhabung und Techniken, die bei einem Instrument eingesetzt werden können, um einen großen Reichtum an Klang, Farben, Frequenzen und Tönen zu ermöglichen. Beispielsweise erlaubt uns der konventionelle Einsatz eines Klaviers die traditionellen Parameter:

- Tonumfang – hoch und tief, hauptsächlich um damit Melodien zu erschaffen
- Geschwindigkeit und Rhythmus
- Lautstärke

Das Problem, das sich aus dem Einsatz solcher Parameter ergibt, ist, dass die ersten beiden Punkte lange Lernprozesse voraussetzen, wenn man ein hohes Niveau erreichen will. Anfänglich werden die Lernprozesse mit diesen Parametern weitaus mehr technisches Geschick erfordern als Kreativität und sich somit für das Erschaffen von Klangstrukturen und musikalischen Fluss als Hindernis erweisen.

Ein weiteres Beispiel ist die Verwendung von kleinen Perkussions-Instrumenten, die meist nur eine Farbe erzeugen können wie die Caxixi[2]. Zu Beginn des Projekts wählten manche Kinder ein solches Instrument aus, um darauf während eines ganzen Stückes zu spielen. Das Ergebnis war oftmals, dass, wenn sich der Gesamtklang veränderte, diese Kinder die Farbe ihres Spiels nicht entsprechend ändern konnten und deshalb nach einiger Zeit das Interesse daran verloren, präzise Entscheidungen zu treffen. Infolgedessen agierten sie dann häufig automatisch, unkreativ und unkommunikativ. Nachdem wir das beobachtet hatten, ermutigten wir die Kinder, die an kleinen Schlaginstrumenten interessiert waren, mehrere davon zu wählen. So konnten sie aus der Vielfalt des Instrumentenangebots präzisere Entscheidungen für ihren klanglichen Beitrag treffen.

Wenn man dagegen ein Saiteninstrument verwendet – beispielsweise eine Zither, bei der das Gefühl entsteht, dass der Klang im wahrsten Sinn des Wortes berührt werden kann –, ermöglicht das dem Spieler, verschiedene Techniken einzusetzen: mit den Fingern, mit dem Bogen oder mit unzähligen Objekten zur Klangmanipulation.

Dies, zusammen mit dem richtigen Maß an Anweisung und Freiraum, wird dazu führen, dass die Spieler einen hohen Teil ihrer Aufmerksamkeit auf das Klangverhalten als Folge ihrer Körperbewegung richten. Damit öffnet sich ihnen ein weites Feld für das Erforschen von und Experimentieren mit Klangerzeugung und Kreativität. Dies wiederum erlaubt einen flexiblen Einsatz der Mittel während einer Improvisation und hilft dabei, Kommunikation, Präzision und Qualität zu erreichen.

6. Gute Stimmung, Wohlbefinden und Zusammengehörigkeitsgefühl in der Gruppe

---

[2] Korbrassel

Das Klangstruktur-Modell

Ein grundlegender Ausgangspunkt für dieses Projekt war das Modell der „Klang-struktur". Um den materiellen Aspekt von Klang zu hervorzuheben, realisierte ich das Modell zunächst durch Objekte und eine visuelle Übung, indem ich die Kinder auf-forderte, eine „echte" Struktur bzw. Skulptur zu bauen. Jeweils fünf Kinder nahmen sich nach Belieben irgendetwas aus dem Raum und bauten daraus eine Plastik. Jedes beteiligte Kind trug, wenn es an der Reihe war, ein Element zu dieser Struktur bei, beispielsweise einen Stuhl, einen Tisch, ein Musikinstrument etc.

Analog zu der Tätigkeit des Herstellens einer Struktur aus Objekten betrachteten wir unsere Tätigkeit des Musizierens als gemeinsames Erschaffen einer „Klangstruktur". Jedes Kind brachte seine Ideen und Klänge ein, während es gleichzeitig aufmerksam horchte und wahrnehmen konnte, was sich sonst alles im Raum abspielt.

Dieses gemeinsame Erschaffen einer Klang-Struktur hat uns als Bild für unser Tun das ganze Projekt über begleitet. Unsere Arbeit bestand darin, in diesem „Spiel" immer besser zu werden: mit verschiedenen Klängen in unterschiedlicher Tonhöhe, Lautstärke, Textur und Dauer in Raum und Zeit. Dies galt es über einen längeren Zeitraum in hoher Qualität aufrecht zu erhalten.

Diese Vorgehensweise, über Objekte eine Analogie zum Klang herzustellen, hat viele Vorteile. Das ist vor allem auf die unterschiedliche Natur der beiden Phänomene Objekt und Klang zurückzuführen und auf die Unterschiedlichkeit in der Verarbei-tung dieser verschiedenartigen Sinnesreize. Stellt man einen Stuhl in den Raum, ist er da, bewegt sich nicht und wir können darüber sprechen, während wir ihn anschauen. Gleichzeitig können wir uns selbst und unser Verhalten beobachten, während wir die-se Erfahrung des Betrachtens machen. Wenn eine Struktur aus Objekten aufgebaut wird, können wir die verschiedenen Beziehungen dieser Objekte zueinander in Echt-zeit in Augenschein nehmen, während sie sich dort befinden.
Mit dem Klang verhält es sich nicht so, da die Klangwelle sich im Raum ausbreitet und dabei wieder zurückgeht, bis sie ganz verschwindet und vom Gehör nicht mehr wahrgenommen werden kann – wobei all dies natürlich in Bruchteilen von Sekunden bis zu mehreren Sekunden geschieht. Das bedeutet, dass alle Beobachtungen aus der Erinnerung geschehen und nicht in Echtzeit. Dieses Problem, das es mit Objekten nicht gibt, erschwert den Lernprozess durch Beobachtung, zumindest am Anfang.

Das wirft auch Überlegungen über die Unterschiede beim Beobachten unserer Hand-lungen und Entscheidungen auf. Ein Objekt zu positionieren oder seinen Platz zu ver-ändern, setzt gewöhnlich eine bewusste Entscheidung voraus. Dagegen ist das Beitra-gen von Klängen etwas, was wir nicht häufig tun. Im Verlauf eines Workshops geht dem in der Regel keine bewusste Entscheidung voraus: „Jetzt trage ich das Folgende bei", sondern entspringt vielmehr einer Art Automatismus. Wenn wir aber mit der genannten Analogie arbeiten und die beiden Arten des Handelns miteinander vergleichen, kann das Einsetzen von Klängen bewusster werden.

Wenn ein Objekt in der Struktur positioniert wurde, kann man das Resultat dieser Handlung für längere Zeit betrachten und dabei verschiedene Parameter der Intention verstehen, ohne dass das Resultat sich verändert. Wir könnten dies auch in der Gruppe tun, die Struktur in Echtzeit betrachten und dabei über die verschiedenen Aspekte und Parameter diskutieren. Und später könnten wir dieselben Diskussionen über die Klangstruktur führen.

Leere als Ausgangspunkt für autonomes Lernen

Der einzige Anhaltspunkt, den ich den Kindern gab, war das Modell, wie Klangstrukturen gemeinsam gebaut werden. Der Rest der Arbeit begann mit Leere bzw. mit der Abwesenheit von Begründungen. Ich vertraute darauf, dass, wenn keine Begründungen sich störend auf den Prozess auswirken und zugleich die grundlegenden Bedingungen gegeben sind, die Musik allmählich die Kinder dazu veranlasst, Entscheidungen von zunehmend höherer Qualität zu treffen.

Dem lag die Annahme zugrunde, dass, wenn es keine von außen kommenden Ideen oder Anweisungen zum Improvisieren gibt, die Kinder diese Abwesenheit von Anhaltspunkten für ihr Handeln selbst füllen. *Denn es kann keine Handlungen geben, die völlig grundlos sind.* So werden Entscheidungen auf Basis der klanglichen Informationen und der auditiven Wahrnehmung getroffen und beeinflusst. Dieser sensible Prozess findet mithilfe aufmerksamer und lebendiger Präsenz statt.

In vielerlei Hinsicht ist das eine reduktionistische Art des Lehrens und Lernens. Dies zeigt sich in der Art, wie auf technische Hindernisse verzichtet wurde, aber auch darin, dass das Klangresultat das einzige Kriterium für Entscheidungen ist. Reduktionistisch ist auch das Vorgehen, wenn wir an einen schwierigen Punkt gelangen und der Prozess ins Stocken gerät. Das nächstliegende, was wir tun können ist: warten – bis eine Änderung sich einstellt. Wenn das nicht hilft, weil die Situation zu komplex ist, können wir versuchen diese Komplexität zu reduzieren. Wir können beispielsweise die Anzahl der Spieler verringern oder die Möglichkeiten einschränken, was zwar zu einem Verlust an Freiheit führt, aber andererseits die Dinge einfacher macht. Wir können vorgeben, nur mit einem Instrument zu spielen oder nur mit einem Ton gleichzeitig. Wir können auch ein oder zwei Kinder bitten, während des gesamten Stückes nur fünf Klänge zu spielen und verschiedenes mehr, je nach Situation.

Wenn Improvisation unterrichtet wird und der Prozess ins Stocken gerät, arbeiten Lehrer oft mit zusätzlichen Entscheidungskriterien. Ein gemeinsames Bild oder ein gemeinsames Gefühl sind die meist verbreiteten Vorschläge dafür, worauf Kinder sich beziehen sollen. Aus Sicht der hier beschriebenen Methode führt dies die Aufmerksamkeit häufig weg vom Klang und von dem Prozess, sich stets auf das klingende Resultat zu beziehen.

Unter optimalen Bedingungen orientieren sich Entscheidungen, oft unbewusst, ausschließlich am Gesamtklang.

Dies kann manchmal zu Momenten führen, wo zu einem gewissen Maß Zufall ins Spiel kommt, jedoch nie ausschließlich vorherrscht. Denn die entstehenden Irritationen werden sinnlich wahrgenommen, was wiederum Entscheidungen auf den Plan ruft und Spiel-Handlungen beeinflusst.

Zufall

Wie in jedem frei improvisierten Stück existiert auch in der Musik der Kinder ein Element von Zufall. Es liegt in der Natur improvisierter Musik, wenn zwei oder mehr Improvisierende zusammen spielen, die nicht wissen, was der jeweils andere als nächstes tut, dass zwei Ideen aufeinanderprallen und zu einer klanglichen Überraschung führen, die die Musiker zu weiteren Entscheidungen im Dienste des klanglichen Resultats zwingt. Dabei wird die musikalische Wahl der Spieler Gründen entspringen wie: Wille, Musikalität, ein Gefühl dafür, was passt, Ausdrucksbedürfnis, Intuition und dergleichen. Da kein improvisierender Musiker mit Sicherheit wissen kann, wie die Entscheidungen des anderen ausfallen, wird es immer Zufälle geben, manche von großer Musikalität, andere müssen durch eine ganze Kette von neuen Entscheidungen gelöst werden.

Dieser Prozess läuft auch beim Improvisieren mit Kindern ab. Der musikalische Verlauf wird durch Zufall beeinflusst. Aber immer, wenn etwas Zufälliges geschieht, steht es den Spielern frei, musikalische Entscheidungen zu treffen, mit denen sie das Klangbild bzw. die Klangstruktur verändern. Die Frage ist, welche mentalen Abläufe dem jeweiligen Entscheidungsprozess zugrunde liegen, welche Aspekte für eine bestimmte Entscheidung verantwortlich sind und welche Rolle dabei Zusammenspiel und Musikalität einnehmen.

Autonomes Lernen im freien Spiel

Das folgende Diagramm beschreibt die Entwicklung während des freien Spiels. Es lässt sich auf ganz verschiedene Spielfelder anwenden. Beispielsweise illustriert es die Art, wie ein Säugling seine motorischen Fähigkeiten durch Erfahrungen ausbildet, die er mit verschiedenen Bewegungen sammelt. Es zeigt, wie ein Kind oder ein Erwachsener sich in freies Spiel einbringt und wie sich autonomes Lernen im freien Spiel im Laufe der Zeit fortentwickelt. Dabei treten Wiederholungen von Ideen auf unterschiedlichen Niveaus auf.

Das Diagramm macht sichtbar, wie die Komplexität des Spiels mit zunehmender Dauer wächst. Steht am Beginn eine leichtere Idee, folgt eine Variation oder gar eine neue, oft schwierigere und anspruchsvollere Idee, sobald die alte überbeansprucht ist und sich ein Gefühl von Langeweile oder Unzufriedenheit einstellt, das nach Entwicklung und einer Lösung ruft.

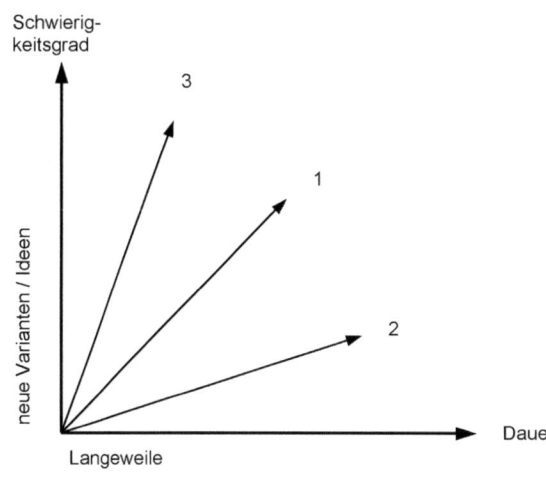

Diese Art der Entwicklung vollzieht sich auch dann, wenn eine anspruchsvolle Idee im Lauf der Zeit etwas von ihrem fordernden Charakter einbüßt, da sie praktiziert und erlernt wurde und deshalb zunehmend als leichter empfunden wird, als weniger fordernd. Dann setzt allmählich Langeweile ein, wenn keine Veränderung stattfindet.

Auf diese Art werden normalerweise verschiedene Ideen erprobt, gelernt, weiterentwickelt und verändert und es bildet sich eine individuelle wie auch eine kollektive Sprache heraus.

Um dieses Ziel autonomen Lernens im freien Spiel durch Einzelne oder im kollektiven Prozess zu erreichen, müssen die oben beschriebenen Bedingungen für das Lernen geschaffen werden. Dabei sind Langeweile, Wiederholung, Erforschen und Scheitern während des Lernprozesses erlaubt.

Unterschiedliche Charaktere und Verhaltenstendenzen beim freien Spiel

Unterschiedliche Kinder mit unterschiedlichen Persönlichkeiten verhalten sich unterschiedlich und folgen unterschiedlichen Lernprozessen. Im Allgemeinen können wir die Verhaltensweisen drei verschiedenen Typen zuordnen.

Die erste Gruppe – im Diagramm als Pfeil 1 zu sehen – geht in durchschnittlicher Weise vor, verändert Ideen in einer durchschnittlichen Geschwindigkeit und ist dabei weder allzu ängstlich noch allzu gelangweilt.

Die zweite Gruppe (Pfeil 2) setzt sich aus Kindern zusammen, die befürchten, entweder zu scheitern oder enttäuscht zu werden. Deshalb führen sie seltener neue Varianten ein und auch nur dann, wenn der Pegel der Langeweile wirklich hoch angestiegen ist. Manchmal sind sie einfach grundsätzlich unzufrieden oder weniger engagiert, obwohl der Grund dafür, nichts zu verändern oder nicht wenigstens ihr Spiel zu entwickeln, häufig die Folge eben jener Angst ist, zu scheitern oder Neues zu erfahren.

Die dritte Gruppe (Pfeil 3) setzt sich aus Kindern zusammen, die es nicht aushalten sich zu langweilen und die Ideen sehr rasch verändern. Sie schrecken weniger davor zurück zu scheitern und fühlen sich eher durch Langeweile frustriert. Manchmal weist diese Art des Lernverhaltens auf große Kreativität hin, auf Hunger nach Selbst-Ausdruck oder auf das Bedürfnis nach außerordentlichem Erfolg.

Diese persönlichkeitsspezifische Unterschiedlichkeit von Verhalten und von Mustern der Ideenentwicklung unterstützt letztlich den musikalischen Lern-Prozess. Da einige Kinder zu mehr Beständigkeit beim Spielen tendieren, während andere ihr Spiel öfter verändern, braucht es beide Strategien. Diese Dynamik schafft eine Balance, die die Klangstruktur stabil und gleichzeitig interessant hält. Das führt dazu, dass beim Improvisieren eine hohe Qualität erreicht und aufrechterhalten wird.

Was die Vielseitigkeit der Charaktere und Spieltypen beim Improvisieren bewirken kann, lässt sich auch auf andere Weise verdeutlichen. Beispielsweise tendieren manche Kinder dazu, laut zu spielen und sich im Vordergrund des Klangbildes zu positionieren, während andere eher zurückhaltend spielen und im Hintergrund bleiben. So entsteht ein detailreicheres Klanggebilde mit mehr Tiefe und einem Gefühl von Drei-dimensionalität.

Dies unterstreicht den sozialen und emotionalen Glauben an die menschliche Vielfalt und die Akzeptanz der verschiedenen Formen von „Anders-Sein" und Individualität.

Qualität erkennen

Ein anderer Aspekt, der bei diesem heiklen Prozess ganz wesentlich mitspielt, ist die Fähigkeit von Kindern und Lehrer, Qualität zu erkennen. Diese Fähigkeit kann mit Hilfe von Spiegelung und Reflexion entwickelt werden und ist grundlegend für jede Art von Kunstausübung. In dieser Hinsicht bestand unsere Aufgabe darin, Momente von hoher Qualität zu identifizieren, um sie allmählich immer öfter und über immer längere Zeiträume entstehen zu lassen und um eventuell sogar zu verstehen, was diese Momente ausmachte.

Fehlte in einem Moment oder in einem Stück Musik diese Qualität, dann versuchten wir das ohne Beurteilung zu erkennen und die Gründe dafür zu verstehen. Und wir suchten verschiedene Wege, es besser zu machen.

Sanfte Entscheidungen

Als ich begann, Kinder zu unterrichten, nachdem ich zuvor nur improvisatorische Erfahrungen nur mit Erwachsenen gesammelt hatte, habe ich zuerst viel über Entscheidungen gesprochen, die getroffen werden müssen. Ich war auf der Suche nach einem starken Willen und hielt es für ein wichtiges Ziel, klare Entscheidungen zu fällen. Im Laufe der Zeit hat sich diese Tendenz gewandelt und ich begann eine ganz bestimmte Qualität in der Musik zu erkennen. Ganz natürlich, bisweilen wie von selbst, standen die Klänge treffsicher – in beinahe buddhistischer Weise – im Raum.

Die meisten Kinder verlangten nicht allzu viel von den Klängen. Sie waren sehr aufmerksam, zufrieden und hatten eine große Präsenz. Sie trafen großartige musikalische Entscheidungen, aber sie taten diese ohne besondere Gründe.

Allmählich änderte sich das, weil immer mehr Kinder das Musikerfinden als Gelegenheit nutzten, sich selbst auszudrücken. So wurde der Klang mit mehr emotionaler Bedeutung aufgeladen, mit allen damit verbundenen Vor- und Nachteilen. Dies ging einher mit der graduellen Entfaltung von Musikalität, Spieltechnik und musikalischer Sprache.

Diese Kindergruppe erreichte im Musikmachen einen natürlichen Fluss, gepaart mit großer Treffsicherheit, Qualität und Präsenz – manchmal wie eine Gruppe hochentwickelter buddhistischer Mönche. Als ich im Verlauf des Workshops über diesen Punkt nachdachte, verstand ich das Besondere der Situation. Dies war wie ein Widerhall der Musik von Cage, der auf unterschiedliche Weise versucht hat, seine Kontrolle über die Musik einzudämmen und es vermied, beim Komponieren allzu viele Entscheidungen zu treffen.

Diese „sanfte Entscheidungsfindung" vonseiten der Kinder lässt ein Gefühl von Vertrautheit entstehen. Wenngleich auch der Zufall eine Rolle spielte, wurden die Entscheidungen aus musikalischer Wachsamkeit und Intuition heraus gefällt.

Der mentale Akt des Entscheidens

Der mentale Akt des Entscheidens ist möglicherweise der wichtigste Aspekt dieser Arbeit. Eine Entscheidung lässt sich aus den verschiedensten Gründen fällen und ein improvisiertes Stück enthält eine enorme Menge an Entscheidungen. Was passiert also wirklich? Was muss entschieden werden? Welche unterschiedlichen Arten des Entscheidens gibt es und aus welchen Gründen trifft man eine Wahl?

1. Wann setze ich ein? Wo im Zeitverlauf platziere ich meinen Klang? Dies ist die grundlegende Entscheidung, die man immer wieder treffen muss.

2. Welchen Klang trage ich bei, welche Aktion? Wie und womit bespiele ich mein Instrument?

3. Qualitäten des Klangbeitrags: Lautstärke und Lautstärkenänderung während der Improvisation, Tempo, Dauer, Rhythmus und Timing, Artikulation, notwendiger physischer Druck (Bogendruck, Atemdruck etc.) zur Klangänderung, generelle Qualität der Aktion u.s.w.

Unterschiedliche Gründe für musikalische Entscheidung:

1. **Die Klangrealität:** Aufmerksame Beobachtung und Wahrnehmung des klanglichen Umfeldes verhelfen zu angemessenen musikalischen Entscheidungen; solch sensible Entscheidungen bleiben meist unbewusst. Mit wachsender Erfahrung und einem zunehmenden Gefühl für Musik erwächst die Fähigkeit, Qualität zu erkennen, klangliche Situationen zu verstehen und treffsichere musikalische Entscheidungen zu fällen.

   Innere Vorstellung des eigenen klanglichen Beitrags und des Gesamtklangs: Eine weitere Stufe der Entscheidungsfähigkeit wird erreicht, wenn ein Kind darüber hinaus in der Lage ist, auf den Gesamtklang zu hören und sich gleichzeitig seinen eigenen Klangbeitrag vorzustellen. Noch anspruchsvoller ist es, den

Gesamtklang *zusammen* mit dem eigenen Klangbeitrag zumindest teilweise zu imaginieren.

2. **Mögliche Reaktionen auf ein Klangereignis:** mitmachen, nachmachen, wiederholen, kontrapunktieren. Aber auch: neu einsetzen, eine Klangidee verändern, ein Duett oder eine andere Kleinbesetzung innerhalb eines größeren Ensembles bilden.

3. **Neue Techniken, Neugierde und Imitation:** Während die Kinder verschiedene Instrumente verwendeten, entdeckten sie bisweilen neue Spieltechniken und probierten sie aus. Manchmal wollten sie auch etwas erproben, was sie bei einem Freund gehört oder gesehen hatten.

4. **Ausdrucksbedürfnis:** Im Laufe des Workshops entstand bei einigen Kindern das Bedürfnis, durch diese Form der Kreativität sich selbst auszudrücken, ihre Gefühle und Gedanken. Über die beiden Workshops hinweg begannen einige Kinder sogar eine persönliche (Musik-) Sprache zu entwickeln.

5. **Schaffung linearer Strukturen:** Während die Arbeit voranschritt, wurden im Spiel der Kinder Strukturen sichtbar: A-B-A, A-B-C-A oder A-B-C-D-A wurden hauptsächlich dann eingesetzt, wenn jemand nach einiger Zeit den Anfang wiederholte, als Zeichen für die Absicht zu einem Ende zu kommen. Einerseits war dies also eine mathematische und ästhetische Entscheidung, andererseits ein Weg, eine Absicht zu kommunizieren.
Auch andere Strukturen wurden verwendet, wie A-B-A-B oder noch komplexere, die mit Wiederholungen von Teilen und musikalischen Elementen arbeiteten. Manchmal gab es auch plötzliche Abbrüche und verschiedenartige Klangblöcke unter Verwendung unterschiedlicher Spieltechniken.

6. **Gemeinsame Gruppen-Entscheidungen:** Wenn eine bestimmte Atmosphäre entstanden war, konnte man beobachten, wie die Spieler ihre Zusammenarbeit so organisierten, dass sie eine gemeinsame Klangwelt erschaffen oder aufrecht erhalten konnten.

7. **Augenkontakt**

8. **Integration des Wissens aus Übungen:** Wenn nach einer Übung frei improvisiert wird, ereignet sich oft ein Prozess der Integration des Geübten. Das kann eine unmittelbar zuvor gespielte Übung betreffen oder aber eine, die Tage zuvor erprobt wurde.

9. **Geschichte:** Manchmal kommt es vor, dass die Kinder etwas wiederholen oder zitieren, das sie selber oder andere zuvor im Verlauf des Stückes gespielt haben.

Reflexion als Lernmittel

Als Standard spielten wir freie Improvisationen und verwendeten als einzige Vorgabe den Hinweis auf das Strukturmodell und auf die notwendige Aufmerksamkeit. Den Rest überließen wir dem Beurteilungsvermögen und der Kreativität der Kinder. Danach reflektierten wir über Musik, Aktionen und Entscheidungen der Musizierenden und bezogen uns dabei auf diese und auf andere Themen.

Ich versuchte die Reflexion über die bloße Beurteilung von gut oder schlecht hinaus zu erweitern, hauptsächlich durch Fragen und die Beschreibung dessen, was sich ereignet hatte. Dies führte zu einem Verständnis verschiedener Aspekte und Notwendigkeiten in der Kunst der Improvisation. Es brachte die Gruppe der jeweils Zuhörenden[3] dazu, noch intensiver zu lauschen und sich noch aktiver einzubringen, da sie jetzt über die gehörte Musik nachdenken sollten. Diese Zusammenarbeit von Spielern und Zuhörern half bei der Schaffung eines *kollektiven Lernprozesses und einer gemeinsamen Sprache.*

Einschränkungen als Lernmittel

Ein weiteres sehr wichtiges Mittel, welches einen gewissen Grad von Einfluss auf den freien Spielprozess erlaubt, war die Verwendung von Einschränkungen. Das bedeutet, dass ein grundlegender Aspekt oder ein Phänomen herausgegriffen und hinsichtlich seiner Möglichkeiten eingegrenzt wird.

Dies konnte beispielsweise geschehen, wenn in der Musik ein bestimmter Aspekt besonders gut gelang. Dann wurden die Musiker gebeten, genau diesen Aspekt zu wiederholen, um den Sachverhalt zu verdeutlichen und herauszustellen. Wenn beispielsweise eine Gruppe in einem frei improvisierten Stück spontan crescendi und diminuendi spielte, konnte man zuerst gemeinsam darüber sprechen und dann die Anweisung geben: „Spielt frei, aber verwendet im Stück mindestens drei gemeinsame crescendi oder diminuendi."

Ebenso kann man bestimmte Aspekte oder Muster einschränken, die ständig wiederholt oder zwanghaft benutzt werden. Wenn man ein sich ständig wiederholendes Muster beobachtet, wird eine sinnvolle Einschränkung die Spieler nötigen, das Muster zu verändern und etwas anderes zu spielen.

---

[3] Im Unterricht spielten in der Regel maximal fünf der zehn Kinder einer Gruppe, die anderen hörten zu. Nach einiger Zeit wurde getauscht.

Wenn beispielsweise ein Kind auf einem Saiteninstrument die Saiten stets in der Reihenfolge ihrer Anordnung spielt, erklingt immer wieder dieselbe Tonfolge. Das ist in der Regel keine bewusste Entscheidung. Darüber kann man sprechen und diesem Kind die individuelle Einschränkung auferlegen, dass es die Reihenfolge der Saiten verändern soll.

Eine Gruppen-Einschränkung kann – um ein weiteres Beispiel zu nennen – sinnvoll sein, wenn die Gruppe eine lange Zeit sehr dicht und ohne Pausen gespielt hat. Dann könnte die Anweisung lauten: „Alle Spieler müssen Pausen machen, die genauso lang sind wie ihre Klänge."

Einschränkungen sollten hauptsächlich in freien Spielsituationen eingesetzt werden, wenn alle anderen Aspekte nicht festgelegt sind.

Übungen

Die Verwendung von Übungen ist eine vertrackte Sache Es kann, zumindest zu Beginn, zu einer Minderung der Spielqualität führen. Die Unterscheidung zwischen freiem Spiel und Übungen ist wesentlich. Sinnvoll eingesetzt können Übungen die Musik bereichern oder spezifische Elemente des Spielens in Echtzeit verdeutlichen. Manche Übungen arbeiten mit speziellen Aspekten oder Parametern, wie die (nachfolgenden) Diagramme, andere enthalten Einschränkungen im Rahmen des freien Spiels.

Der Einsatz von Diagrammen

Mit Diagrammen zu arbeiten ist ein wirksamer Weg zu lernen, wie grundlegende musikalische Elemente auf unterschiedliche Weise verändert werden können.

In den dargestellten Diagrammen bezeichnet die horizontale Linie immer den Zeitverlauf. Für die vertikale Linie wurde hier die Lautstärke gewählt, weil mit ihr am leichtesten zu arbeiten ist. Möglich wäre aber auch

1. die allgemeine Intensität
2. Tempo
3. Stärke der Aktion und Verfremdung des Instruments – was besonders gut auf Saiteninstrumenten funktioniert. Manchmal verläuft dies parallel zur Lautstärke.
4. Tondauern
5. Pausenlängen zwischen Klängen

Das erste Diagramm zeigt Crescendi in unterschiedlichen Tempi, also eine langsame, mittlere oder schnelle Zunahme von Lautstärke oder von anwachsendem Klang.

Das zweite Diagramm zeigt dasselbe mit unterschiedlichen Diminuendi, also der Abnahme von Lautstärke:

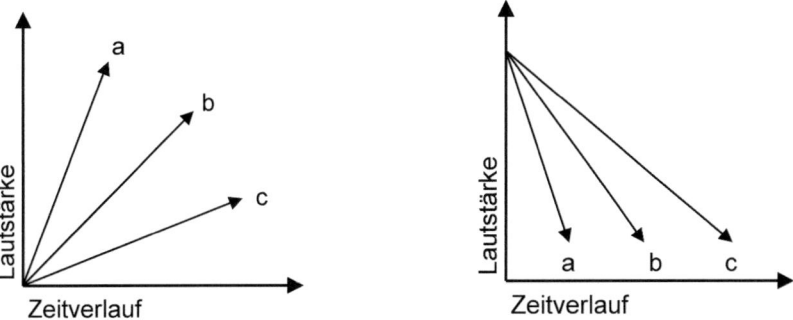

Die Diagramme 3 - 5 beziehen sich auf verschieden große Wellenmuster von Lautstärke:

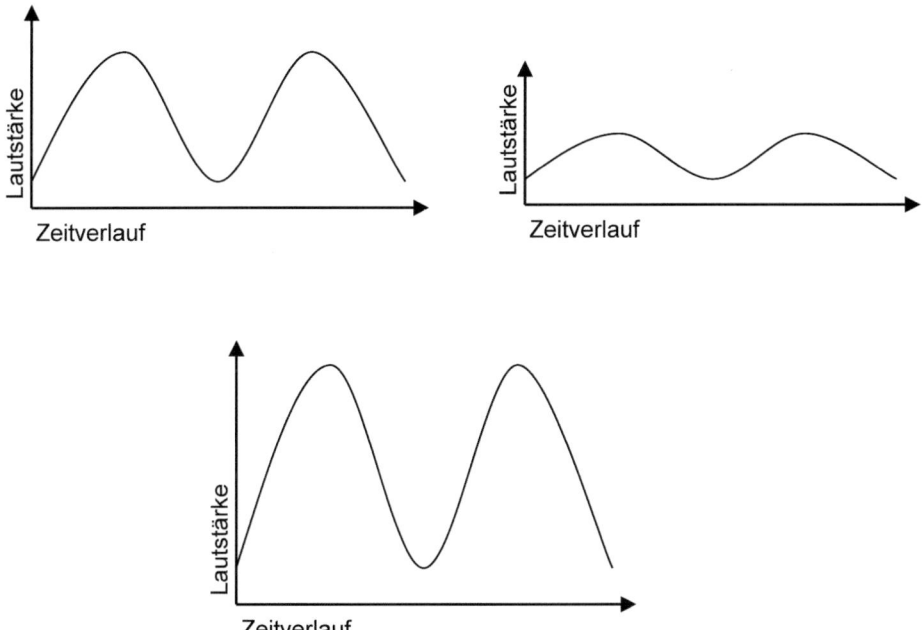

Das sechste Diagramm zeigt eine Veränderung auf übergeordneter Eben: Im Verlauf eines Wellenmusters nimmt hier die Lautstärke allmählich zu.

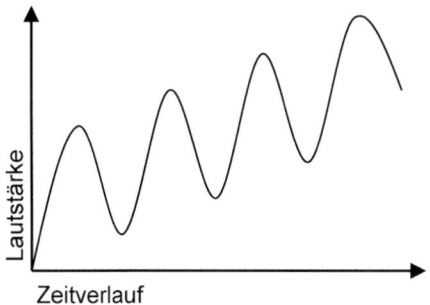

Jede dieser Übungen kann von einem einzelnen Musizierenden mit dem Instrument oder der Stimme ausgeführt werden, ebenso wie als Partnerübungen geeignet oder in einer allmählich immer größer werdenden Gruppe.

Auch andere Lernprozesse können durch die Arbeit mit den Diagrammen erreicht werden:

- Das Konzept eines allmählichen Wandels

- Technische Qualitäten und Präzision in den ausgesuchten Parametern, besonders was die sich langsam entfaltenden Diagramme angeht. Kontrolle der körperlichen und mentalen Aspekte der Spielaktion.

- Um die Anweisungen eines Diagramms erfolgreich umzusetzen, ist ein hoher Grad an Konzentration nötig.

- Um die Anweisungen eines Diagramms im Zusammenspiel innerhalb einer Gruppe von zwei oder mehr Spielern erfolgreich umzusetzen, ist ein hohes Maß an Zuhören und Kommunikation erforderlich.

Michaels Geschichte

Wir können diese Diagramme im Allgemeinen betrachten ebenso wie im Bezug darauf, welche Lernmöglichkeiten sie dem Einzelnen bieten. Schauen wir uns Michaels Geschichte als Beispiel dafür an.

Ich hatte der Gruppe das Lautstärke-Diagramm zum ersten Mal vorgestellt, indem ich zunächst das Crescendo in den drei verschiedenen Geschwindigkeiten zeigte und singend vorführte. Dabei forderte ich die Kinder auf, genau zuzuhören und den Unterschied zwischen den verschiedenen Crescendi herauszufinden.

Um das Diminuendo in derselben Weise vorzustellen, bat ich Michael zu singen. Entsprechend seinem Naturell entschied er sich für das schnelle Diminuendo. Doch dann, mitten in der Aufgabe, begann er zu lachen, vielleicht aus Verlegenheit oder aufgrund nachlassender Aufmerksamkeit oder vermutlich aus beiden Gründen zusammen. Nachdem ich ihn aufgefordert hatte, ein langsames Diminuendo zu singen, sagte er: „Das ist schwer", dann „Ich kann das nicht". Ein- oder zweimal schlug der Versuch fehl und dann konnte er es.

Ich bemerkte eine veränderte Qualität in ihm, während er das langsame Diminuendo machte. Daher fuhren wir mit den Lautstärke-Diagrammen fort, immer zunächst mit ihm als Solist und dann in Duo-, Trio- und Quintett-Besetzungen.

Diese 20 Minuten waren für Michael ein Wendepunkt im Projekt. Es ist zu hoffen, dass es ihm gelingt, diese Veränderung auch in andere Bereiche seines Lebens zu integrieren und dass dies sogar ein wenig zu der Art, wie er sich selbst wahrnimmt, beiträgt. Seine impulsive Art zu handeln zeigte sich in seinem gewöhnlichen Benehmen, aber auch in dieser Übung: in der Wahl des Diagramms, in seiner Überzeugung, dass er unfähig sei, ein langsames Diminuendo zu singen und in seiner (früheren) Unfähigkeit, Veränderungen allmählich und nicht abrupt vorzunehmen.

Herauszufinden dass er bei entsprechender Aufmerksamkeit dazu in der Lage ist, war in mehrfacher Hinsicht ein sehr wichtiger Moment: persönlich, für sein Selbstbild und sein Reifen, ebenso wie für seine allgemeinen Lernprozesse und seine musikalischen Fähigkeiten. wie sich später in einem Solo und beim Ensemblespiel während der CD-Aufnahmen zeigte.

In dieser musikalischen Arbeit ist ein allmählicher Wandel in verschiedenen Aspekten zu sehen ebenso wie ein erstaunlicher Grad von Konzentration und Phantasie. Wir können dabei sehen, wie das Prinzip der graduellen Veränderung auf verschiedene musikalische Aspekte übertragen wird, verbunden mit einem erstaunlichen Maß an Konzentration und Fantasie. Die Übungen erfordern graduelle Veränderung in einer geradezu seriellen mathematischen Weise. Michael wendete dieses Prinzip auf mehrere Parameter an: Lautstärke, Intensität einer Aktion, Dauer einer Aktion, Platzierung einer Aktion auf einem Saiteninstrumenten hinsichtlich hoher und tiefer Töne. Später können wir ihn dabei beobachten, wie er mit den beiden Möglichkeiten von allmählicher langsamer und schneller überraschender Veränderung spielt, wie er beides mischt und dabei großartige Strukturen schafft, mit einer Menge an Phantasie und zugleich Logik.

Weitere Übungen

• Dem Klang nachlauschen

Hierfür sollte man Instrumente mit Nachklang verwenden und die Kinder auffordern, beim Spielen den Klang im Raum seine Wirkung entfalten zu lassen, bevor sie mit einem neuen Klang einsetzen. Dies ist eine gute Übung, um beim Spielen Geduld zu entwickeln sowie ein Gefühl für angemessene Abstände zwischen den Klängen.

• Kleingruppen innerhalb eines Ensembles

Die Spieler einer größeren Gruppe (Quintett oder mehr) werden aufgefordert, im freien Spiel Duos und Trios zu bilden und diese immer wieder zu wechseln. Dies führt zu einer Intensivierung des Hörens und der Kommunikation. Musikalisch kann daraus ein Basis-Niveau an musikalischer Kommunikation erwachsen, durch Imitation oder sogar darüber hinaus. Möglicherweise geht das zeitweise auf Kosten der Klangstruktur, wird aber auf Dauer dazu führen, dass mehr Ideen durch die Gruppe wandern.
In einem weiteren Schritt kann der Lehrer dazu auffordern, dass die Kommunikation in den Kleingruppen nicht durch Imitation erfolgen soll.

• Laute oder leise Stücke

Die Spieler sollen laute oder leise Stücke spielen. Diese Gruppe spielte von sich aus leise, mit großer Aufmerksamkeit und einem guten Gefühl für die Einsätze. Die Aufforderung, lautere Stücke zu spielen, führte zu gesteigerter Kommunikation und mehr Ideenaustausch, zu emotionalerem Spiel, mehr Phrasierungen und größerer Dichte. Es war eine hervorragende Methode, eine Änderung des Spielverhaltens hervorzurufen. (Normalerweise ist das Problem entgegengesetzter Art.)

• Strukturierte Improvisation

Dies ist eine weitere Art der Improvisation, die wir praktizierten. Ich gehe normalerweise so vor, dass ich in einem frei improvisierten Stück eine bestimmte Struktur erkenne. Anschließend sprechen wir über das Stück, was meist auch beinhaltet, dass wir die zeitliche Abfolge der Teile wiedergeben. Dann beschließen wir gemeinsam ein Form-Modell und arbeiten so lange mit Wiederholung und Veränderungen daran, bis sich eine stabile Struktur herausgebildet hat.

Neue Ideen entstehen durch die Kinder, den Lehrer oder durch musikalische Fehler. Dies lässt sich in dem Stück *structure improvisation* auf der CD[4] erkennen.

• Kollektive Stille bzw. Generalpausen

Gibt man die Anweisung, dass im freien Spiel ein Moment der kollektiven Stille (eine Generalpause) vorkommen soll, entsteht eine A-B Struktur, die ein einvernehmliches Ende von A und einen Beginn von B erzwingt. Ob die Teile A und B unterschiedlich sind, kann zuvor von den Kindern verabredet, vom Lehrer vorgegeben oder dem freien Spiel überlassen werden.

• Mindestens zwei verschiedene Instrumental-Techniken nutzen

Während des Workshops gaben wir jedem Kind die Gelegenheit, eines der Musikinstrumente mit nach Hause zu nehmen und zu lernen, wie man auf unterschiedliche Weise darauf spielen und verschiedene Techniken und Verfremdungsmaterialien dafür verwenden kann. Die Kinder waren begeistert und kamen mit großartigen Klängen und Ideen zurück. Sie entwickelten ein eigenes Vokabular, das später an die Gruppe weitergegeben wurde und die kollektive Sprache bereicherte.

Dies führte zu einer neuen Vorgabe im freien Spiel: „Benutze mindestens zwei Instrumental-Techniken während der Improvisation". Das bedeutet, dass ein Instrument zu wählen ist, auf dem verschiedene Techniken anwendbar sind und dass entscheiden werden muss, wann die Änderungen vorgenommen werden.

---

[4] Die CD mit den Stücken der Kinder ist noch im Planungszustand. Nähere Informationen sind auf den Internetseiten www.arielshiboletmusic.com oder http://exploratorium-berlin.de/schulprojekt-20122013/ zu finden.

Der Zyklus

Eine andere Form der Improvisation ist der Zyklus. Diese Form habe ich erstmals eingeführt, als ich mit dem *Tel-Aviv Art Ensemble* spielte. Sie basiert auf Einsätzen und der Wiederholung von Strukturen in Zyklen.

Die Spieler sitzen im Halbkreis. Nehmen wir als Beispiel eine Gruppe von 6 Spielern: A, B, C, D, E und F.

A spielt eine Struktur mit Wiederholungscharakter, am besten mit kleinen Pausen zwischen den Wiederholungen.

Stille

B spielt eine Struktur, die zu A passen soll, ebenfalls mit Wiederholungscharakter und kleinen Pausen. Nach einiger Zeit setzt **A** mit seiner vorherigen Struktur ein. Ein Duett ist entstanden.

Stille

C setzt mit seiner eigenen Idee ein. **B** setzt mit derselben Idee ein wie zuvor. **A** setzt ein. Es formt sich ein Trio.

Stille

D setzt ein, **C** setzt ein, **B** setzt ein, **A** setzt ein

Stille

und so fort…

Wenn der letzte Zyklus vorbei ist, hält die Gruppe inne und beginnt wieder zusammen dieselben Ideen zu spielen wie zuvor, jedoch mit kleinen Veränderungen der Lautstärke, des Tempos etc. Das schafft ein ganz besonderes freies Spiel.

Anschließend soll sich jeder Spieler daran erinnern, was er gespielt und wie sich die Musik angefühlt hat. Nach einer Weile können die Kinder aufgefordert werden, noch einmal zu spielen, gemeinsam zu beginnen und dieselben Strukturen zu verwenden. Diese Art des Spielens kann auf verschiedene Weise variiert werden, mit verschiedenen Abstufungen von Freiheit und mit bekannten oder unbekannten Strukturen.

Diese Übung bringt eine ganz besondere Qualität in der Musik zum Vorschein. Sie betont den mentalen Akt der gezielten Auswahl von Klangmaterial für eine Improvisation und kann dabei helfen, eine bewusstere und aufmerksamere Entscheidung in dieser Hinsicht zu treffen.

Kollektives Lernen – kollektive Sprache

Wenn sich ein kollektiver Flow und Wohlgefühl einstellen, wird sich auch eine kollektive Sprache ergeben, da die Ideen in der Gruppe von einem zum anderen fließen. Dieser Ideenfluss initiiert kollektives Lernen und führt zu einer reicheren und komplexeren Sprache.

Das Entstehen einer kollektiven Sprache ist hilfreich und unterstützend für die Kommunikation, da jeder besser versteht, was der andere tut. Er/sie kann innerhalb derselben Ideenwelt antworten und verfügt über die technischen Fähigkeiten zur Umsetzung. Ideen können von einem zum anderen Spieler von Instrument zu Instrument weitergereicht werden. Der gemeinsame Hintergrund ist die Basis für Sequenzbildung in verschiedenen Parametern, für Wiederholungen, Dialoge und die Bildung von Formteilen in einem Stück.

Ein Beispiel:

Im ersten Jahr benutzten wir ein langes Lyra-Instrument. Eines der Mädchen entschied sich, einen runden besenartigen Stock auf den Saiten zu rollen, was einen besonderen Klang erzeugte. Das zog die Aufmerksamkeit der anderen Kinder auf sich und es dauerte nicht lange, bis andere Kinder begannen dasselbe zu tun, aber in unterschiedlichen Tempi. Dann versuchten die Kinder herauszufinden, wie es klingt, wenn zwei Stöcke von zwei verschiedenen Seiten her rollen usw.

Im zweiten Workshop gehörte das schon mit zum Vokabular der Gruppe. Dann probierte einer der Jungen, den runden Stab auf die Saiten fallen zu lassen und fand das Resultat interessant und schön, mit langem Nachhall und einem Element von Zufall und Überraschung. Anschließend probierte er diese Aktion auf verschiedenen Stellen der Saiten aus. Und wieder dauerte es nicht lange, bis andere Kinder dieselbe Technik auf anderen Saiteninstrumenten ausprobierten, mit anderen Stöcken und in unterschiedlichen Situationen. Das Vokabular der Gruppe reicherte sich an.

Diese zwei Beispiele waren technischer Natur und betrafen neue Wege der Handhabung von Instrumenten. Eines entwickelte sich aus dem anderen und macht deutlich, wie Ideen fließen.

Dieser Prozess fand auch mit Elementen der Formbildung statt. Während des Workshops tauchte die Frage auf, wie eine Improvisation zu Ende geführt wird. Einige der Kinder wollten das letzte Wort haben, und setzten einen Schlussklang ein, auch wenn bereits ein guter Schluss gefunden worden war. Dies geschah nicht aus musikalischen, sondern aus persönlichen Gründen. Die anderen Kinder begannen sich zu beschweren. Sie sprachen darüber und wann immer es fortan wieder passierte, erhob sich Protest. Allmählich lernten sie, einen guten Schluss zu respektieren und ihr Bedürfnis nach dem letzten Wort zu beherrschen.

Das brachte die grundsätzliche Frage nach dem Schluss auf. Ich beobachtete, wie sich etwas Interessantes anbahnte: Jemand wiederholte den Anfang und signalisierte damit, dass nun Zeit für den Schluss sei. Da das Resultat musikalische Qualität hatte, verstanden und respektierten die anderen Kinder diese Absicht und gestalteten ein kollektives Ende. Dadurch entstand das Muster A-B-C-D-A, wobei A sowohl Anfang als auch Schluss ist.

Da dies auf komplexerem musikalischen Denken und Handeln aufbaut, entwickelte es sich erst gegen Ende des Projekts. Es integrierte sich langsam und auf gemächliche Weise in die Gruppe. Nichtsdestotrotz beobachtete ich, wie einige Kinder dieses Organisationsprinzip für musikalische Abläufe, für Strukturbildung und die Gestaltung von Schlüssen nutzten, wobei dies mit unterschiedlichen Graden von Absicht verbunden war.

Therapeutischer Aspekt der Arbeit

Die Heilkraft von Musik zeigt sich in vielerlei Weise. Die ganze Menschheitsgeschichte hindurch wurde sie beschrieben, untersucht und erforscht. Offensichtlich und ohne weitere Notwendigkeit zur Erklärung war die Begeisterung über musikalisches Schaffen immer präsent. Mentale und emotionale Veränderungen und Wachstum konnten beobachtet werden. Die Handlung des Musizierens – die innere wie die äußere – reflektiert Normalverhalten. Bestehende Tendenzen zeigen sich deutlich und können durch Musizieren, Akzeptieren, Reflektieren und angemessene Vorgaben angegangen werden.

Gehen wir zurück zu Michael, einem großartigen Kind mit gewissen Schwierigkeiten, was die Aufmerksamkeit im Unterricht angeht. Da ihm dieses Projekt wichtig war und die Klänge ihn ebenso berührten wie die musikalischen Ideen und die Ausdrucksfreiheit, die ihm gewährt wurde, nahm er die Herausforderungen an, die all das mit sich brachte. Um zu lernen, teilzunehmen und – am allerwichtigsten – so zu spielen, wie er wollte, musste er seine Präsenz und seine Aufmerksamkeit erhöhen. Er musste die Bereitschaft aufbringen, seine Eigenwahrnehmung und sein Selbstwertgefühl zu verändern. Er musste eine Neueinschätzung seiner selbst und seines Platzes in der Gruppe und sogar in der Gesellschaft vornehmen. Tatsächlich gab ihm dieses Sich-der-Herausforderung-Stellen die Gelegenheit, eine neue Seite an sich selbst zu erfahren, eine neue Art des Seins, und einen neuen Platz in der Gruppe einzunehmen. Sein impulsives Benehmen zeigte sich in seinem Verhalten während des Workshops und während seiner Improvisation, manchmal zum Guten und manchmal zum Schlechten. Er fand in sich etwas Neues, einen neuen Ort, der ihm neues Verhalten ermöglichte. Während des Workshops konnte er dieses neue Verhalten und diesen inneren Ort erkunden. Parallel dazu konnte er die musikalischen Vorteile dieser neuen Fähigkeiten wahrnehmen. In der Tat war er mit diesem Thema bis zum Ende des Workshops sehr beschäftigt und bekam gute Rückmeldungen von der Musik, den Lehrern, von erwachsenen Zuhörern und von Freunden. So etwas bringt natürlich ein positiveres Selbstbild mit sich, eine höhere Selbstachtung. Und selbstverständlich ist es wichtig, dass dies in einem Lernprozess in der Schule in der Gruppe von Gleichaltrigen passierte.

Am Workshop nahm auch ein Mädchen teil, das sehr schüchtern war. Dementsprechend war sie in ihrer Instrumentenwahl und Spielweise sehr zurückhaltend. Es war von großem Vorteil, mit welcher Klarheit sich diese Tendenz zeigte. Sie vermied nicht etwa die Teilnahme, denn sie spielte sehr gerne mit. Vielmehr vermied sie bestimmte Spielweisen und Instrumente. Nachdem ich dieses Verhaltensmuster erkannt hatte, konnte ich es ihr spiegeln: „Ich sehe, dass es Dir gefällt mit diesen Instrumenten zu spielen. Was meinst Du, was sie gemeinsam haben?" Nach dieser Hilfestellung, die es ihr erlaubte, ihre Vorlieben anzuschauen, konnte ich es dabei belassen und sehen, ob das allein schon das Muster verändern und vielseitigere Arten des Spiels erzeugen würde. Wenn nicht, kann in einem solchen Fall die Vorgabe, in der Gruppe gelegentlich die Instrumente zu tauschen, dazu führen, dass sie ein lautes Instrument spielt. Wir müssen dann sehen, ob sie ihre Tendenz aufrechterhält, leise zu spielen oder ob die Lautstärke in ihrem Spiel zunimmt, und sei es auch nur geringfügig. Dann haben wir immer noch die Wahl, das zu spiegeln oder auch nicht.

Sollte all dies keine Veränderung in ihrem Verhalten bewirken, können wir ihr eine neue Möglichkeit anbieten, indem wir sie auffordern, lauter zu spielen. Oder wir setzen eine angemessene Gruppen-Vorgabe ein, beispielsweise Solospiel über einer improvisierenden Gruppe. Dabei könnte sie entweder die erste Solistin sein oder auch später an die Reihe kommen. Dann wird sie sich mit ihrer Vermeidungsstrategie auseinandersetzen und den Ort in sich finden müssen, der es ihr erlaubt hervorzutreten.

Alles dies geschah mit diesem wundervollen Mädchen. Nachdem sie mit der Vorgabe konfrontiert wurde, ein lautes Instrument laut zu spielen, gelang es ihr allmählich. Das fiel ihr nicht leicht und die meiste Zeit über hielt sie ihr vertrautes Muster aufrecht, aber von Zeit zu Zeit überraschte sie uns und sich selber, indem sie ihr Muster beim Spielen veränderte und vielseitigere Rollen wählte.

Dies sind zwei Beispiele von vielen emotionalen Themen, die während des Projektes auftraten. Manchmal entschied ich mich zu handeln und manchmal vertraute ich darauf, dass die Musik ihre Wirkung entfaltet.

Der soziale Aspekt der Arbeit

Soziale Aspekte und soziales Lernen sind vom Prozess des Musizierens kaum zu trennen, da alle Improvisationen mit Ausnahme des Solospiels soziale Fähigkeiten verlangen und musikalischer Fortschritt das Erlernen sozialer Fertigkeiten sowie soziales Wachstum erfordert. Man kann diesen Buch-Beitrag auch aus dem Blickwinkel sozialer Fertigkeiten lesen und wird verstehen, wie grundlegend der soziale Aspekt für diese Arbeitsweise ist.

Improvisierte Musik erfordert Kooperation und Zusammenarbeit zwischen allen Teilnehmern, Zuhörern und Spielenden. Während des Spiels sind sowohl die Qualität der Musik als auch die Befriedigung und innere Beglückung abhängig von dieser Kooperation und Zusammenarbeit aller daran Beteiligten. Die Situation verlangt ihnen Wohlwollen und Akzeptanz ab. Über die Zusammenarbeit hinaus müssen sie sich auf eine Beziehung einlassen, in welcher sie voneinander abhängig sind. Die Situation erfordert neue Wege der Kommunikation beim Spielen, weil es dabei weder möglich ist, seine Absichten in Worten zu formulieren, noch die Aktionen der anderen zu kontrollieren. Kommunikation erfolgt ausschließlich über die Musik und über nonverbale Interaktion.

Nach der Fertigstellung der CD-Aufnahmen sprach ich mit der Mutter eines der Kinder. Sie hatte an den Aufnahme-Tagen die Kinder betreut, die gerade nicht musizierten, und erzählte mir von einer interessanten Beobachtung. Im Wissen, dass sie Wartezeit überbrücken mussten, hatten die Kinder kleine Computer und elektronische Spiele mitgebracht. Aber anders als sonst spielten sie kaum damit. Stattdessen beschäftigten sie sich hauptsächlich mit Gesellschafts- oder Ballspielen, drinnen oder draußen, während die Computerspiele die meiste Zeit über sich selber überlassen blieben.

Ich war überrascht und zugleich glücklich zu erkennen, wie unmittelbar der Wandel und das Bedürfnis nach Kommunikation innerhalb der Gruppe war.

Analyse einer freien Improvisation aus dem Workshop

Ein Trio von

Nazim – zweisaitiges Streichinstrument (ein volkstümliches Instrument mit einem
  Kürbis als Resonanzboden)

Serkan – zwölfsaitiges Saiteninstrument (eigentlich ein Monochord, jedoch chroma-
  tisch gestimmt

Naima – Gong und Drehpauke

Ein völlig frei improvisiertes Stück. Jeder der Spieler wendet unterschiedliche Techniken auf seinem/ihrem Instrument an, manchmal zwei Techniken gleichzeitig, wodurch Polyphonie oder zusammen passende Melodielinien entstehen sowie Bewegungen unterschiedlicher Klangfarbe.

Das Stück beginnt mit einem Pfeifton von Nazim. Es ist das erste Mal während des
Projekts, dass jemand einen Pfeifton oder einen Stimmklang einsetzt. Erstaunlicher-
weise behalten alle die Konzentration und nehmen es als natürlich hin. Dann setzt er
mit einem weiteren Beitrag ein, einem tiefem Bogenklang, gefolgt von drei Glissan-
do-Pfeiftönen. Sofort ertönt ein dazu passender tiefer Klang von Serkans Saiteninstrument, erzeugt mit dem Bogen auf den Saiten und einer Muschel auf dem Resonanzboden, wodurch ein tiefer dunkler Klang entsteht.
Gleichzeitig trägt Naima kontrastierende helle dünne Linien von metallischem Klang
bei, indem sie mit einem Drahtstück über den Gong streicht.
Nazims Bogenstriche üben mehr Druck auf die Saite aus, bis der Klang eine tiefere
körnige Struktur annimmt (0'42). Naima antwortet, indem sie ihr Vorgehen verändert
und durch das Rollen zweier Wollknäuel auf der Drehpauke ihre eigenen tiefen Klänge erzeugt.
Serkan hört diese veränderten Klänge und setzt ab, um nach einem geeigneten Gegenstand zu suchen, womit sich ein passender Klang beitragen ließe. Ein paar Sekunden
später (0'51) setzt er ein, indem er mit zwei Muscheln Kreise auf dem Resonanzboden macht.
Nazim verändert seine Bogenstriche und erzeugt damit hohe Töne (0'55-1'00), später
verstärkt den Druck, was kchhh-körnige Geräusche hervorbringt.
Als Antwort verändert Serkan sein Vorgehen, indem er auf den Saiten mit einer
Muschel hin- und herstreicht und synchron mit der anderen Hand eine Muschel am
Resonanzboden reibt (Beginn 0'59, Klänge hörbar bei 1'03).
Naima und Serkan verändern ihr Vorgehen genau zeitgleich. Serkan verlässt die Saite
mit einem gezupften Ton (absichtlich oder nicht?) und Naima geht zurück zum Gong,
auf dem sie mit einem dünnen Metallblatt einen lauteren hohen Ton erzeugt.

Der Klang, den Serkan mit der gezupften Saite macht, ist sehr ungewöhnlich und die beiden anderen Spieler antworten, indem sie den A-Teil beenden und mit dem B-Teil beginnen. Naima hat dafür ihren Klang bereits zurückverwandelt zu den Knäueln auf der Drehpauke. Nazim macht weiter mit dem Streichen und signalisiert ein paar Sekunden später (1'25) mit zwei Pfiffen den Beginn von Teil B.

Daraufhin kommt Serkan mit einer neuen Aktion und einem neuen Klang zurück, indem er zwei Rundstäbe, einen aus Metall und einen aus Holz wählt. Anfangs sieht es so aus, als wolle er den Holzstab benutzen, aber dann – als er sich seinen Klangbeitrag vorstellt – ändert er seine Absicht und setzt den Metallstab ein, den er auf die Saiten fallen lässt, um ihn dann dort vor- und zurückrollen zu lassen, wodurch er einen weiten Glissando-Klang erzeugt.

Nazim antwortet auf das Glissandogefühl mit einer eigenen Interpretation: Dazu fährt er in kurzen Bogenstrichen die Saite hinauf und hinab, wodurch so etwas wie eine Tonleiter entsteht. Seine Bogenstriche erzeugen das erste Mal im Verlauf des Stückes einen gleichmäßigen Rhythmus.

(1'39) Serkan, durch Nazims Rhythmus provoziert, nimmt einen Bogen und eine Muschel und kommt mit seinem eigenen Rhythmus dazu, indem er die Saiten anschlägt und mit dem Stein am Resonanzboden schabt. Er braucht einige Sekunden, bis er einen Rhythmus findet, der ihm gefällt und währenddessen verlässt Nazim das gleichmäßige Tempo, um zu langen tiefen Bogenstrichen überzugehen.

Serkan synchronisiert beide Hände und erzeugt ein kräftiges gleichmäßiges Tempo, was Nazim dazu bringt, auf kurze rhythmische Striche zurückzugehen, die sich auf den Puls setzen, den Serkan aufgebaut hat. Das tut er diesmal mit dem hölzernen Bogenrücken, wodurch ein anderer Klang und eine andere Melodie auf dem gleichmäßigen Rhythmus entstehen.

Währenddessen nimmt Naima wieder ihr Drahtstück (1'30), streicht damit den Gong an und spielt dann (2'00) in dem Tempo, das die beiden anderen aufgebaut haben.

Es folgt eine Crescendo-Bewegung (wir können Nazim flüstern hören „lauter, lauter").

(2.14) Nazim wechselt vom Grundschlag zu einer melodisch rhetorischen Geste mit Wiederholungen. Serkan ist gerade dabei, seine Aktion zu verändern und zu zwei Streichbögen überzugehen, doch während er dazu ansetzt, macht Nazim ein Diminuendo und zeigt damit seine Absicht, das Stück zu beenden, was er mit der Hilfe von Naima auch tut.

Hörpartitur
Trio mit Nazim, Serkan und Naima

N a i m a   **S e r k a n**   **N a z i m**

Naima	Serkan	Nazim
Tonhöhe & Artikulation	Tonhöhe & Artikulation	Tonhöhe & Artikulation

Nazim: Pfiffe 4 x glissando

Serkan: Bogen tief, gestrichen

Naima: Gong / Sanftes Streichen mit Drahtstück / Pauke

Naima: Saiten / Muschel auf Korpus

Serkan: kreisende Beweg.

Serkan: Bogenbewegung synchron mit Muschelbewegung

Serkan: 2 Muscheln

Naima: Streichen mit 2 Wollbällen

Nazim: hohe laute Bogenschläge / Schläge

Serkan: Muschel auf Saiten / Muschel auf Korpus (synchron)

Serkan: Muschel auf Saiten / Ende Teil A / Akzent

Naima: Streichen mit Metallblatt

Nazim: 2 Pfiffe / Beginn Teil B / Puls > Schläge auf- und abwärts

Serkan: Metallstab auf Saiten

Naima: leises Streichen

Nazim: pulsierende Bogenschläge auf Saiten / synchron mit Korpus und mit Nazim / synchrones Schaben mit Stein

Nazim: rhetorische Figuren / leiten Ende ein

Naima: regelmäßiges Streichen / synchron mit den anderen

Zeitmarken: 10" 20" 30" 40" 50" 1' 1'10 1'20 1'25 1'35 1'50 2' 2'15 2'40

39

Analyse des Diagramms und der Improvisation

Dieses Improvisationsstück zeigt, wie die Prinzipien, die in diesem Artikel aufgezeigt werden, in der Praxis während einer freien Improvisation lebendig werden.

Alle Spieler benutzten während dieser Improvisation mehrere Instrumente, unterschiedliche Gegenstände zur Klangerzeugung oder unterschiedliche Instrumentaltechniken. Dadurch verschafften sie sich größere Wahlfreiheit und konnten ihr Spiel und den musikalischen Prozess in vielfältiger Weise verändern.

Der Reichtum der Möglichkeiten und des Vokabulars wurde eingesetzt, um sich auf den Gesamtklang und dessen Veränderungen zu beziehen und darauf zu reagieren sowie um neue Ideen zu entwickeln. Dies alles geschah in einem Prozess von Wiederholungen und Veränderungen, wie sie in dem Diagramm für freies Spiel vorgestellt wurden.

Einige der Veränderungen waren Antwort auf das Spiel eines anderen oder auf eine Weiterentwicklung des Klangs. Manchmal dienten sie zur Einführung einer neuen Idee, wenn die musikalische Situation weniger interessant wurde und die Spieler das Bedürfnis nach einem Wechsel in ihrem Spiel oder ihrem gemeinsamen Erfindungsprozess verspürten.

Alle Spieler nutzten die Vielfalt der Klangmöglichkeiten und Techniken, um zwei Klänge gleichzeitig spielen zu können. Dabei nutzten sie eine einfache Form der Synchronisierung, indem sie für beide Klänge dieselben Parameter, dieselbe Bewegung oder kontrastierende Klangfarben einsetzten.

Die musikalischen Entscheidungen, die getroffen wurden, hatten eine hohe Qualität, die aus großer Wachheit, aktivem Lauschen und Konzentration resultiert.

- Aufbau einer gemeinschaftlichen Textur bzw. Farbe, als die Spieler Schritt für Schritt einsetzen und eine tiefe unbestimmte Textur erzeugten (1'00 – 1'20).

- Eine interessante Entscheidung geschieht bei ~ 0'30, als Serkan dazu übergeht, die Aktionen beider Hände zu synchronisieren und beide Klänge einen dunklen Klang erzeugen, der sich mit Nazims dunklem Streichen verbindet. Naima folgt, indem sie sich den dunklen tiefen Klängen zugesellt (~ 0'40), daraufhin erzeugt Nazim einen noch dunkleren Klang, indem er mit dem Bogen starken Druck auf die Saite ausübt (1'00 – 1'20).

- 1'17 ist ein entscheidender Moment, als Serkan einen besonderen Klang erzeugt, der das Spiel der anderen beiden verändert, die damit gemeinsam den ersten Teil beenden.

- Eine weitere Entscheidung, die musikalisches Verständnis und Wissen beweist, folgt unmittelbar darauf, als nämlich Nazim seine Pfeiftöne vom Stück-Anfang wiederholt, um damit den Beginn von Teil II zu signalisieren.

- Ein sehr interessanter und sehr musikalischer Prozess ereignet sich, als Serkan mit einem Metallstab ein Glissando auf den Saiten macht. Nazim reagiert darauf mit einer identischen Bewegung entlang der Saite, die halb Melodie, halb Tonleiter entstehen lässt, mit auf- und absteigender Tonhöhe.

- Nazim spielt seine Tonleiter in gleichmäßigem Puls. In dieser Eindeutigkeit geschieht das zum ersten Mal im Stück und überzeugt Serkan davon, mitzumachen. Nazim verlässt den Grundschlag für einigen Sekunden, aber nachdem er bemerkt, dass Serkan sein Tempo aufgenommen hat, kehrt er wieder dazu zurück, aufwärts und abwärts die Saite entlang, diesmal aber mit anderer Technik, indem er die Saite mit der hölzernen Seite des Bogens anschlägt.

- Diese Puls-Spiel überzeugt Naima, zu dem gleichmäßigen Rhythmus dazuzukommen, so dass die drei Improvisierenden im gleichen Tempo spielen und dabei ein gemeinsames Crescendo erzeugen. Serkan will sein Spiel verändern und eine neue Idee einbringen, aber es ist zu spät dafür, weil Nazim den Schluss vorbereitet – Serkan horcht und versteht, ebenso wie Naima, und die drei hören auf zu spielen.

Jede der Entscheidungen, die hier beschrieben sind, ist auf Kreativität, intensives Lauschen und Wachsamkeit gegenüber der von der Gruppe geschaffenen Musik zurückzuführen. Einige Entscheidungen wurden bewusst getroffen und manche „passierten" einfach. Sie bewiesen Kreativität, Kommunikationsfähigkeit und Musikverständnis.

Nachgedanken

Wenn ich aus zeitlichem Abstand auf diese Woche zurückschaue, vor allem nachdem ich die Musik angehört und mir darüber Gedanken gemacht habe, was eigentlich geschehen ist, bin ich mehr denn je von der Wichtigkeit solcher Projekte überzeugt, die den Kindern die Chance geben, beim Erfinden von Musik wirkliche Kreativität zu erfahren, ohne dass irgendetwas anderes nötig wäre als Hören, Kreativität und Musikalität.

Mir fällt auf, dass viele der besonders auffallenden und besonders begeisterten Kinder solche waren, die aus verschiedenen Gründen in der Klasse und in der Schule Probleme hatten und in unserer Arbeit ein Betätigungsfeld fanden, in dem ihre wahren Fähigkeiten und Begabungen deutlich sichtbar wurden.

Ich persönlich habe eine Menge über Kinder und Kreativität gelernt, über Lernen und improvisierte Musik – und zwar auf eine sehr tiefgehende Weise.
Dafür danke ich diesen wunderbaren Kindern!

Esther Anne Adrian, Matthias Schwabe

Klänge – Laute – Zeichen: Vom Klangexperiment zu Spracherwerb und Lesekultur

Kooperationspartner:	Lenau-Grundschule (Kreuzberg) mit Klassenlehrerin Sibylle Recke
Kinder:	Schulanfangsphase (SAPh) Klasse A2 (24 Kinder)
Workshopleiter:	Esther Anne Adrian, Bruno Pisek (temporär), Matthias Schwabe
Dauer:	Mitte Oktober 2011 – Mitte Juni 2012 regelmäßig einmal wöchentlich am Montag, 3. und 4. Stunde Intensivphasen vor den Präsentationen im November und Juni
Gruppengröße:	Intensive Arbeitsphasen in halber Klassengröße mit 1-2 WS-Leitern Einleitung und Abschluss im Klassen-Plenum
Unterrichtsort:	Lenau-Schule: Klassenraum, Gruppenraum und Schul-Aula
Präsentationen:	Beitrag zum Lesefest am 11.11.2011 Elternnachmittag am 14.6.2012 als Projektabschluss

Grundidee: Die Workshopleiter erforschen gemeinsam mit der Lehrerin, wie im kreativen Spiel Lauschen, Experimentieren mit Klängen und (Stimm-) Lauten und musikalisches Kommunizieren zu lustvollem Spracherwerb und lebendiger Lesekultur beitragen.

I. Unser Projektpartner

Die Lenau-Grundschule in Berlin Kreuzberg

ist eine dreizügige gebundene Ganztagsgrundschule „mit etwa 400 Kindern und etwa 70 pädagogischen und technischen Mitarbeiterinnen und Mitarbeitern. Alle Klassen ab der Schulanfangsphase bis zum vierten Jahrgang arbeiten nach den Prinzipien des Integrierten Tagesplans. Das bedeutet: Jede Klasse wird von einem Team aus Lehrkräften und einer Erzieherin oder einem Erzieher unterrichtet und betreut. Lehrerinnen und Lehrer und Erzieherinnen und Erzieher arbeiten eng zusammen. Sie stimmen ihre Planungen aufeinander ab und verzahnen unterrichtliches und außerunter-richtliches Geschehen miteinander."[5] Dafür steht jeder Klasse neben dem Klassen-auch ein Gruppenraum zur Verfügung. Als weitere freie Mitarbeiterinnen agieren eine große Zahl von ehrenamtlichen Lesepatinnen, die zu verschiedenen Zeitpunkten hel-fend zur Seite stehen.

Wie in vielen Berliner Schulen hat ein sehr hoher Prozentsatz der Kinder Migrations-hintergrund, viele Kinder stammen zudem aus sozial prekären Verhältnissen. „In un-sere Schule gehen Kinder mit unterschiedlichen Fähigkeiten und unterschiedlicher kultureller Herkunft. Diese Unterschiedlichkeit sehen wir als eine Quelle, aus der Vielfalt erwächst, die unseren schulischen Alltag belebt und bereichert und wir achten und stärken die Persönlichkeit und die kreativen Potenziale jedes einzelnen Kindes."[6]

Die Schule ist bekannt für ihre ausgesprochen gut ausgestattete Schulbibliothek. Un-sere kooperierende Klassenlehrerin Sibylle Recke hat sich mit ihrem Konzept der Sprach- und Lesekultur einen Namen gemacht, das in Film *Es war einmal ein Zebra*[7] dokumentiert ist.

Die Klasse,

mit der wir arbeiteten, war eine sogenannte SAPh-Klasse. Die Abkürzung SAPh steht für Schul-Anfangs-Phase und bedeutet, dass die – in unserem Fall 24 – Kinder im Alter von (am Anfang des Schuljahres) 6 bis 8,5 Jahren sich in zwei bis drei Jahren den Stoff der ersten und zweiten Klasse aneignen.

„Unsere" Klasse hatte insofern eine ungewöhnliche Zusammensetzung, als sieben Kinder bereits im 3. Jahr die Schule besuchten, nur vier im 2. Jahr und 13 im 1. Jahr. So entstand eine starke Altersspreizung mit vielen 6-Jährigen, wenigen 7-Jährigen und recht vielen 8-Jährigen. Dazu kam, dass in den beiden älteren Jahrgängen nur eines von elf Kindern deutscher Herkunftssprache war, bei den 6-Jährigen waren es dagegen sechs von 13, also knapp die Hälfte. Insgesamt setzten sich die Herkunftssprachen wie folgt zusammen: 10 türkisch, 7 deutsch, 4 arabisch, je 1 serbokroatisch, albanisch und japanisch.

---

[5] http://www.lenau.net/ein_kurzer_ueberblick/ein_kurzer_ueberblick.php
[6] ebd.
[7] *Es war einmal ein Zebra – Wege zu einer Lesekultur an der Lenauschule Berlin-Kreuzberg*
Dokumentarfilm von Gerburg Rohde-Dahl.
http://www.rohdedahl.de/filme/eswareinmaleinzebra/index.html

II. Die Projektidee

Vom Klangexperiment zu Spracherwerb und Lesekultur

Viele Kinder haben bei ihrem Schuleintritt keine Zuhörfähigkeit entwickelt. Sie wirken dann häufig hyperaktiv und wenig aufnahmefähig. Zuhörfähigkeit ist aber die Voraussetzung für alle Lernprozesse, insbesondere für den Sprach- und Schriftspracherwerb. In unserem Projekt sollte (Zu-)Hörkultur entwickelt werden, und zwar durch den eigenen improvisatorischen Umgang mit Klängen und Lauten und den ästhetischen Genuss daran. Wir sahen die Möglichkeit, auf diese Weise musikalische Basis-Erfahrungen und elementare Lernprozesse zu initiieren sowie gleichzeitig zum Erwerb von Sprach- und Lesefähigkeit beizutragen.

Weitere Schnittmengen boten folgende Aktivitäten:

*   *Über Musik sprechen*: Musikalisch Erlebtes untereinander auszutauschen intensiviert die musikalische Erfahrung und bietet zugleich Anlässe, sich verbal auszudrücken, individuell auf dem jeweiligen Sprachstand jedes Kindes

*   Das *Experimentieren mit Stimmklängen* ist zugleich eine Möglichkeit, Worte spielerisch in ihre Bestandteile zu zerlegen und umgekehrt aus einzelnen Bestandteilen wieder größere Klanggebilde zu formen – ein dem Lesen und Buchstabieren vergleichbarer Vorgang.

*   Die *innere Vorstellungsfähigkeit* zu *fördern* ist ein zentrales Anliegen sowohl der musikalischen Entwicklung wie des Lesen-Lernens.

*   Das *Erfinden und Erzählen von Geschichten* lädt zur Umsetzung in andere Kunstformen ein: Bild, Theater und in unserem Fall vor allem Musik. Hier steht die Sprache am Beginn und hilft, ästhetische Ideen in anderen künstlerischen Genres zu entwickeln.

Spiel als Methode:

Ausgangspunkt unserer Arbeit waren Spielregeln, die einen verbindlichen Rahmen festlegen, kreative Freiräume lassen und vor allem durch anschauliche und Phantasie anregende Aufgabenstellungen die Kreativität der Kinder ansprechen. Durch die geeignete Wahl von Spielregeln konnten wir verschiedene Schwerpunkte fokussieren, die uns für die musikalische Entwicklung ebenso wie für das Thema Sprach- und Leseförderung wichtig erschienen.

Zeitlicher und räumlicher Rahmen

Zwischen Oktober 2011 und Juni 2012 besuchten wir die Klasse regelmäßig einmal wöchentlich für 90 Minuten, zunächst zu dritt, später zu zweit.

Unsere Arbeit lässt sich in drei Phasen unterteilen, die durch unterschiedliche Schwerpunkte und unterschiedliche Realisierungs-Ideen gekennzeichnet waren.

1. Phase (Oktober – November 2011): Kennenlernen & Zwischen-Präsentation
2. Phase (Januar – März 2012): Die Reise – assoziatives Improvisieren
3. Phase (April – Juni 2012): Erzählen in Worten und Klängen & Abschluss-Konzert

Grundstruktur der Musikstunden:

- Ganze Klasse: (10 – 30'): gemeinsames Singen, bei Bedarf thematische Einleitungen, beispielsweise durch Klangrätsel (s.u.)
- Gruppenarbeit in zwei Gruppen à 12 Kindern (45 – 60'). Anfangs tauschten die Gruppen nach der Hälfte der Zeit Raum und Kursleiter, später nicht mehr.
- Abschluss mit der ganzen Klasse (5 – 15'): Bei Bedarf Nachgespräche aus der Gruppenarbeit sowie Abschlusslied.

Für unsere Angebote mit der ganzen Klasse nutzten wir den Klassenraum, für die Arbeit mit zwei Teilgruppen konnten wir den benachbarten Gruppenraum sowie die zwei Stockwerke entfernte Schul-Aula nutzen. Bei unserer Arbeit wurden wir meist von der Klassenlehrerin, einer Erzieherin oder einer Lesepatin unterstützt.

III. Verlauf des Projektes

Phase 1: Kennenlernen

Von Mitte Oktober bis Mitte November 2011 fand die Kennenlern-Phase statt, in der wir mit Stimme, Trommeln und Bewegung arbeiteten.

Vor dem Hintergrund der oben skizzierten Projektidee galt es, uns mit den Kindern vertraut zu machen und unsere Arbeitsweise auf sie einzustellen. Dies beinhaltete zunächst:

- Gegenseitiges Kennenlernen
- Lust am Spiel mit Klängen entwickeln
- Verschiedene Klangquellen kennen lernen (Stimme, Trommeln, klingende Gegenstände, später gemischte Perkussionsinstrumente)
- Neue Klänge selbst entdecken und anderen zeigen, Klänge der anderen kennen (und respektieren!) lernen

- mit Klängen kommunizieren
- Lust am Hören entwickeln, Hin- und Zuhören als lohnend erleben
- Klänge und Klangquellen differenzieren lernen

Darauf aufbauend lassen sich längerfristige Ziele formulieren:
- ästhetische Erfahrungen sammeln
- die Fähigkeit zur inneren Klangvorstellung entwickeln
- musikalisch stimmige Situationen schaffen und erleben („magische Momente")

All dies ist nicht möglich ohne bestimmte außermusikalische Lerninhalte:
- Spielregeln einhalten bzw. das Einhalten von Spielregeln als lohnend erleben
- Konzentration über einen längeren Zeitraum
- Aufeinander bezogenes Agieren in der Gruppe

Intermezzo

Agieren in der Gruppe: das klingt so einfach und ist doch so schwer. Da werden so wunderbare Instrumente verteilt und da möchte ich Kind doch das schönste haben und ärgere mich darüber, dass ein anderer es bekommt. Und wenn ich dann endlich mein Lieblingsinstrument in der Hand habe, soll ich es an meinen Nachbarn weitergeben? Nie und nimmer!

Oder ich habe gerade einen ganz tollen Klang auf meiner Trommel entdeckt, den ich sofort allen zeigen möchte. Aber wir stellen die Klänge reihum vor und ich bin einer der letzten. Ich habe aber keine Lust zu warten. Und außerdem interessieren mich die Klänge der anderen gar nicht. Meiner ist eh der schönste.

Oder: Wir sollen reihum unsere Klänge zeigen, aber ich habe keinen schönen gefunden. Die der anderen sind alle viel besser. Ich möchte gar nicht drankommen. Vielleicht lachen mich die anderen ja aus.

Beim Improvisieren – oder nennen wir es etwas weniger ambitioniert „kreatives Musizieren" – in der Gruppe kommen eine große Chance und eine hohe Anforderung zusammen. Die Chance ist, dass alle Mitspieler mit ihren eigenen Ideen und damit auch mit ihrer Individualität zur Geltung kommen. Die Anforderung besteht jedoch darin, dass sich diese Ideen in das Gruppengefüge eingliedern sollen. Individualität und soziales Miteinander müssen in Einklang gebracht werden! Das ist ein großartiges Gefühl, wenn es glückt, aber schwierig zu erreichen. Es braucht Rücksicht und Aufmerksamkeit. Kinder beweisen immer wieder, dass ihnen diese Fähigkeiten eigentlich zur Verfügung stehen und dass sie stolz darauf sind, wenn es ihnen gelingt, rücksichtsvoll und aufmerksam zu sein. Sie brauchen aber einen guten Grund dafür.

Unsere Aufgabe als PädagogInnen ist es, ihnen zu zeigen, dass gemeinsames Musizieren sogar ein sehr guter Grund dafür ist!

Als gemeinsames Anfangs-Lied wurde das *Montag-Morgen-Lied* eingeführt, ein von einem der Workshopleiter speziell für diese Klasse erfundenes Nonsense-Lied, dessen Worte alle auf dem Buchstaben „M" beginnen, welchen die Erstklässler zu diesem Zeitpunkt gerade kennengelernt hatten:

Dieses – von den Kindern sehr geliebte – Lied wurde nicht nur dem stark ausgeprägten Singbedürfnis der Klasse gerecht, sondern war zugleich als Beispiel für lustvolles Spiel mit Klingendem gedacht, das gerne auch ein bisschen abwegig sein darf.

In der Arbeitsphase teilten wir uns in eine Stimmgruppe unter der Leitung von Bruno Pisek sowie eine Trommel- und Bewegungsgruppe unter der Leitung von Esther Anne Adrian und Matthias Schwabe auf. In beiden Gruppen beschäftigten wir uns mit Spielen, die zum genauen Hinhören aufforderten und Gelegenheit gaben, experimentelle Erfahrungen mit Stimm- bzw. Trommelklängen sowie in Gruppe 2 zusätzlich mit Bewegung zu sammeln.

Beispiele Phase 1: Spielregeln für Trommeln und Bewegung

Anfangs-Ritual: Platzlied (als Anfangsritual in der Kleingruppenphase)

Auf dem Boden sind im Kreis Namensschilder der Kinder aufgeklebt. Über jedem Schild liegt ein Tuch. Ein Kind (das schon lesen kann) stellt sich in die Kreismitte, die anderen gehen (schleichen) um den Kreis und singen:
„Wer wird denn gleich platzen auf diesem schönen Platz" *(1 Kind deckt Namenskärtchen auf, das Lesekind liest den Namen vor)*
„wir schleichen wie die Katzen" *(alle schleichen)*
„nur ... *(aufgedeckter Name)* macht 'nen Satz." *(Das genannte Kind springt von seinem Standort zum Namenskärtchen)*
Dieses Lied wird so lange wiederholt, bis alle ihren Platz gefunden haben.

Variante: auf dem eigenen Platz angekommen eine vokalen Explosivklang („platzen") erfinden

Das Lied hat mit Improvisation nichts zu tun, schafft aber wichtige Voraussetzungen für die nachfolgenden Spielregeln:
* Die aufgeklebten Kärtchen markieren einen Kreis auf dem Boden, den die Kinder sonst nicht einhalten konnten.
* Die Namenskärtchen erlauben eine sinnvolle Sitzordnung festzulegen, bei der bestimmte Kinder nicht nebeneinander sitzen und andere neben bestimmten Erwachsenen.
* Das Lied fungiert als Anfangsritual, um die Kinder in Ruhe zum Ankommen in einem fremden Raum zu verhelfen.

Der Erfolg in unserer Klasse war frappierend. Die Kinder liebten das Lied. Danach waren sie mit voller Konzentration bei der Sache. Dauer: 5 – 7 Minuten.

Name & Klang

Einleitung: „Eine Trommel hat viele Klänge. Man kann nicht nur draufschlagen oder -klopfen, man kann auch kratzen, streichen, sie rollen usw." Eine Trommel wird im Kreis herumgegeben. Dazu sagt jeder: „Ich heiße ... und mein Trommelklang geht so": *(Trommelklang erfinden)*

Ein Spiel, um sich die Namen zu merken und gleichzeitig das Erfinden eigener Klänge als Selbstverständlichkeit einzuführen, zugleich eine Einführung in das Experimentieren mit Instrumenten. Dabei lernen die Kinder voneinander verschiedene Möglichkeiten kennen, einer Trommel Klänge zu entlocken.

Klänge imitieren / Tiere auf der Flucht

Jedes Kind hat eine Trommel. Ein Kind erfindet einen Trommelklang, alle anderen imitieren den Klang gleichzeitig. Danach streckt das Kind die Arme in die Luft, alle machen mit, dann erfindet das nächste Kind einen Klang.

Variante 1: Diesmal wird jeder neue Klang nacheinander im Kreis gespielt. Das macht vor allem dann Spaß, wenn man sich vorstellt, dass es sich um ein Fantasietier handelt, das durch den Kreis rennt.

Variante 2: Elefantenjagd. Ein Elefant wird verfolgt. Er rennt mit lauten Elefantenschritten von einer Trommel zur anderen. Die Kinder trommeln nicht nur möglichst schnell, sondern sie lösen sich auch gegenseitig möglichst schnell ab. Das ist nicht einfach, aber machbar.

Hier geht es zunächst darum, noch mehr Erfahrungen mit Trommelklängen zu sammeln, indem jedes Kind alle Klänge der anderen imitiert. Es fühlt sich auch richtig gut an, wenn man einen Klang erfindet, den dann die ganze Gruppe übernimmt.

Das Nacheinander-Spielen ist recht anspruchsvoll, weil die Kinder sehr aufmerksam sein müssen. Aber es macht Spaß! Und es macht besonders viel Spaß bei der Elefantenjagd, wenn der Elefant richtig laut und schnell durch den Kreis donnert. Das ist klanglich interessant, ein schönes Gruppenerlebnis und es weckt auf!

Pferdeherde

Alle haben eine Trommel und spielen, wie eine Pferdeherde durch die Prärie galoppiert. Das darf richtig laut sein!

Dann wird ausprobiert, wie es klingt, wenn die Pferdeherde ganz weit weg ist.

Schließlich beginnt eine Pferdeherde ganz weit weg, nähert sich allmählich, rast an uns vorbei und verschwindet wieder in der Ferne.

Dieses Spiel mit laut und leise bzw. crescendo und decrescendo ist eine schöne Gruppenaktion, weil es gar nicht so einfach ist, dabei zusammen zu bleiben. In den ersten Stunden dauerte das Näherkommen und Entfernen sehr kurz. Längerfristig wäre es spannend zu versuchen, diese Phasen immer länger auszudehnen. Das geht aber nur, wenn sich die Kinder gegenseitig zuhören.

Kreativer Stopp-Tanz

Die Grundregel ist bekannt. Solange Musik zu hören ist, dürfen sich alle bewegen, stoppt die Musik, erstarren alle in der Bewegung. Die Musik wird von einem Erwachsenen gespielt, in unserem Fall auf einer großen Djembé. Aber jede Trommelphase klingt anders. Die Kinder sollen versuchen, ihre Bewegungen an die Musik anzupassen: „Jedes Kind verwandelt sich in ein Fantasie-Tier, das sich so bewegt, wie die Trommel klingt!"

Variante: Beim Bewegen sollen die Kinder auch den anderen zuschauen. Nach einem kurzen Stopp wird dieselbe Musik noch einmal gespielt. Diesmal soll aber jedes Kind die Bewegungen eines anderen imitieren.

Dieses Spiel ist einfach und doch in mehrfacher Hinsicht wirkungsvoll:
- Das Stoppen übt einen verblüffenden Sog auf die Kinder aus. Sie verharren tatsächlich in vollkommener Stille.
- Die Kinder sind mit hoher Aufmerksamkeit dabei, um ja keinen Stopp zu verpassen.
- Wenn die gespielten Klänge anregend sind, kommt die Bewegungsphantasie der Kinder in Gang.
- Weil die Kinder die Inspiration der Musik suchen, sind sie bereit, sehr genau hinzuhören.
- Ganz nebenbei lernen sie so auch eine Menge Klangmöglichkeiten der Trommel kennen.
- Das Beobachten und Imitieren der anderen Kinder ist eine weitere Kreativitäts-Quelle. Man inspiriert sich gegenseitig!

Abschluss der vierwöchigen Phase 1 war das Lesefest der Schule am 11.11., in dessen Rahmen den Eltern ein Zwischenergebnis unserer bisherigen Arbeit vorgestellt wurde. Darin ging es um Tierbewegungen und deren Umsetzung in Trommelklänge, eingeleitet durch kleine Sprüche, die in der Art des Montag-Morgen-Liedes bestimmte Buchstaben präsentierten.

Phase 2: Die Reise

Von Januar bis Ende März 2012 fand die zweite inhaltliche Phase des Projekts statt, die von verschiedenen Überlegungen geprägt war.

- In musikalischer Hinsicht wollten wir klanglich intensivere Gestaltungserlebnisse ansteuern. In Gruppe 1 sollte dabei weiterhin mit der Stimme gearbeitet werden, in Gruppe 2 dagegen wechselten wir zu einer klanglich sehr bunten Mischung elementaren Instrumentariums: neben diversen Rasseln und Ratschen auch Donnertrommel, Gong, Becken, Flexaton, Röhrenglocke, Tisch-Zither, Rühr-Xylophon, Regenmacher u.ä.

- Wir wollten das assoziative Spielen noch mehr als vorher betonen. Damit ist wohlgemerkt nicht das Imitieren von Klängen gemeint, sondern vielmehr die Anregung durch eine Atmosphäre, mit der die Kinder sich emotional verbinden können. Auf diese Weise kann „empfundene" Musik entstehen. Zudem lassen sich durch unterschiedliche Vorgaben Stücke mit unterschiedlichen musikalischen Charakteren entwickeln.

- Daneben sollten weiterhin Spielregeln zum Hören, Experimentieren und Kommunizieren Platz haben.

- Für die kommenden Wochen wählten wir als assoziatives Oberthema „Reise". Diese begleitete uns in vielfacher Weise:

  o Zu Beginn der Stunde sangen wir ein von uns neu komponierten Reiselied. Später kam dazu das traditionelle Lied: „Wir reiten geschwinde..."

  o Es folgte ein Hörrätsel der Workshopleiter für die gesamte Klasse. „Wir spielen Euch heute drei Landschaften vor: einen Zauberwald, eine Schneelandschaft und einen Dschungel. Ihr sollt raten, zu welcher Landschaft unsere erste Musik passt." So wurden die Kinder dazu angeregt in Worte zu fassen, was sie gehört hatten und ihre Wahl zu begründen. Zugleich bekamen sie eine Vorstellung davon, wie assoziatives Improvisieren klingen kann.

  o Die jeweils letzte zu erratende Landschaft war diejenige, in die beide Gruppen anschließend reisten, um die Kleingruppenarbeit unter dem Oberthema der gewählten Landschaft durchzuführen.

  o Für den Weg vom Klassenzimmer zum Gruppenraum führten wir als Ritual den imaginären Flug auf zwei fliegenden (ca. 25 x 25 cm großen) Teppichen ein. Jede Woche wurden die Kinder mit einem Zauberspruch klein gezaubert, um gemeinsam auf den Teppich zu passen und in den jeweiligen

Arbeitsraum bzw. ans Reiseziel zu fliegen. Dabei summten sie einen gemeinsamen Ton, der von einem Kind mit einem Klangstab vorgegeben wurde.

o Um die Landschafts-Situationen tragfähig zu machen, arbeiteten wir mit Dekorationen (Namensschilder in Form von bunten Blättern, Bonbons oder Eisblumen) und teilweise auch mit Verkleidungen (z. B. Zirkusdirektor, Tanzbär). Die thematischen Namensschilder durften mitgenommen werden und sollten ursprünglich zur Erinnerung in ein Reisetagebuch geklebt werden, um zum Erinnern bzw. Erzählen und Aufschreiben anzuregen. (Die Idee des Reisetagebuchs wurde dann aber doch nicht realisiert.)

Die Reisen führten uns in einen Zauberwald, in eine Schneelandschaft, auf einen Rummelplatz und zuletzt noch einmal in einen Wald. Zunächst hielten wir uns jeweils zwei Wochen am selben Ort auf, damit die Gruppen zwischen den Workshopleitern wechseln konnten. Am Rummelplatz verweilten wir jedoch länger, um die verschiedenen Spielmöglichkeiten wiederholen und vertiefen zu können. Am Ende wurde der Wald aufgegriffen, weil dort eine Geschichte spielt, die den Kindern im Unterricht vorgelesen wurde. Insofern lehnten sich die Spiele zu diesem Thema auch eng an die Geschichte an. Dies bildete den Übergang zu unserer dritten Phase, bei der es um das Entwickeln eigener Geschichten ging.

Beispiele Phase 2: Spielregeln zum Hören, Experimentieren und Gestalten mit gemischtem elementarem Instrumentarium

Richtungen und Wege raten

Die Gruppe sitzt im Kreis, alle schließen die Augen. Ein ausgewähltes Kind geht mit einem Instrument auf leisen Sohlen um den Kreis herum und macht hin und wieder einen Klang. Die anderen Kinder zeigen in die Richtung, aus der sie den Klang gehört haben.

Fortführung: Die Gruppe sitzt wieder mit geschlossenen Augen im Kreis. Ein Kind geht einen selbst gewählten nicht zu langen Weg (z.B. halben Kreis umrunden, dann wieder zurück, dann durch die Mitte o.ä.) und bringt dabei ein Instrument kontinuierlich zum Klingen. Im Anschluss probieren die Zuhörer, ob sie den Weg nachgehen können.

Bei diesem Spiel geht es um die Lust am aufmerksamen Zuhören. Es ist sinnvoll, wenn ein Erwachsener zunächst die Sonderaufgaben vormacht, das erspart lange Erklärungen. Allerdings wählen manche Kinder sehr komplizierte Wege, an die sie sich nachher selbst nicht mehr erinnern können. Das Spiel eignet sich als Einstieg, um „lauschbereit" zu werden. Es lässt sich problemlos in verschiedene atmosphärische Rahmenhandlungen integrieren: „Klänge im Zauberwald, im Dschungel, im Schneewald etc."

Klanggarten

Alle Kinder haben ein Instrument und sitzen im Kreis, möglichst mit geschlossenen Augen. Jedes Instrument stellt eine geheimnisvolle klingende Blume dar. Ein Kind geht um den Kreis herum und bringt durch Antippen einzelne Blumen zum Klingen. Durch eine erneute Berührung verstummen die Klänge wieder.

Mit dieser Spielregel lässt sich sehr schöne Musik machen. Es hat sich allerdings herausgestellt, dass die Kinder eine zusätzliche Vorstellung davon brauchen, wonach die entstehende Musik klingen sollen. Beispiele: „Es ist früher Morgen und der Wald (oder Garten) erwacht" oder „unheimliche Klänge in einer verlassenen Ruine". Sonst spielen sie „irgendwie" und so klingt es dann auch.

Klänge raten[8]

Auf einem Tisch liegt eine Auswahl von Instrumenten. Die Kinder haben einige Minuten Zeit auszuprobieren, wie diese klingen. Dann setzen sich alle im Halbkreis vor den Tisch. Zwei Personen halten ein Tuch als Sichtschutz vor den Tisch, dahinter macht ein Kind einen Klang mehrmals hintereinander vor. Anschließend wird das Tuch entfernt und die Kinder können einzeln nach vorne kommen und versuchen, den Klang möglichst präzise nachzumachen. Das alles geschieht ohne Worte. Das Kind, das den Klang vorgemacht hat, zeigt durch Nicken oder Kopfschütteln, ob der Klang getroffen wurde. Wer den Klang errät, darf den eigenen zum Raten aufgeben oder diese Aufgabe an ein anderes Kind weitergeben, falls es selbst schon an der Reihe war.

Dieses Spiel erfordert ziemlich viel Zeit. Dennoch sind die Kinder dabei meist sehr aufmerksam, weil offenbar der Reiz des Ratens groß genug ist. Hier geht es um viele fürs Improvisieren wichtige Kompetenzen: Lust am Hören vermitteln, differenziert

---

[8] Schwabe, Matthias: Musik spielend erfinden, Kassel 1992, S. 24 f.

hören lernen, innere Klangvorstellung ausprägen, Instrumente eigenständig kennen lernen, Instrumente in neuer (ungewöhnlicher) Weise spielen, erkennen, wie viele Klangmöglichkeiten in einem Instrument enthalten sind, aber auch sich in einen Spielablauf eingliedern, weil es sich „lohnt".

Spielablauf „Wald oder Wiese"

Die Kinder lasen im Unterricht ein Buch, das im Wald und auf einer Wiese spielt. Die Idee der Stunde war, diese beiden Begriffe zu nutzen, um die Instrumente und Klänge charakteristisch einzusetzen.

1. Die Gruppe beschreibt gemeinsam die beiden Orte: Der Wald ist dunkel, düster und unheimlich, die Wiese ist sonnig, freundlich und bunt. Es geht also nicht um konkrete Klänge, sondern um Atmosphäre, um Sicht- und Fühlbares.

2. Auf einem Tisch liegt eine Auswahl von Instrumenten bereit. Nacheinander spielt jedes Kind eines dieser Instrumente vor und gemeinsam wird beraten, zu welchem Begriff es passt. Das Kind nimmt dieses Instrument mit zu seinem Platz.

3. Die Gruppe teilt sich auf in Wald-Musiker und Wiesen-Musiker. Jede Gruppe stellt ihre Musik vor, wobei es sinnvoll ist, vorher noch einmal die Eigenschaften hervorzuheben: dunkel, düster, unheimlich bzw. sonnig, freundlich, bunt. Dies soll auch in der Art des Spiels deutlich werden. Ggf. lohnt es sich, darüber zu sprechen, was das bedeutet, beispielsweise ob man dafür eher leise spielen sollte oder laut, eher selten oder ganz dicht usw.

4. Die beiden Gruppen verteilen sich auf zwei Enden des Raumes. Eine Person geht langsam (!) zwischen den beiden Gruppen hin und her. Hält sie sich direkt vor einer Gruppe auf, spielt nur diese, im Zwischenbereich spielen beide. Es kann sinnvoll sein, den Raum mit Klebeband in drei Teile zu teilen: Wiesenbereich (vor der Wiesengruppe), Waldbereich (vor der Waldgruppe), Zwischenbereich.

Diese Spielsequenz zeigt zwei methodische Prinzipien, die für unsere Arbeit wichtig waren. Das eine ist die Verwendung von Bildern, in welche die Kinder sich hineinfühlen können. Diese Bilder sollen den Kindern helfen, charakteristisch zu spielen statt „irgendwie". Dabei geht es nicht um die Imitation konkreter Klänge (wenngleich dies nicht verboten ist), sondern um Begriffe, die Atmosphäre, Gefühle und Sinneswahrnehmungen beschreiben.

Zweitens arbeiten wir in dieser Sequenz nicht mit dem Prinzip der Abwechslung von verschiedenen Aktivitätsformen. Vielmehr folgen wir der Logik eines Spielflusses, in den man hinein versinkt. Schlüssel dafür ist die Beobachtung, dass Kinder, wenn sie wirklich in ein Spiel vertieft sind, keine Abwechslung brauchen, sondern über sehr lange Zeit bei einem einzigen Spiel (z.B. einem Rollenspiel) verweilen können.

Erster Schnee[9] [gespielt anlässlich einer imaginären Reise in eine Schneelandschaft]

Den Kindern wird ein kleiner Spielzeug-Hamster vorgestellt, dem sie den Namen Flocki geben. Dieser lebt in einer dunklen Höhle (ein mit Schal bedeckter Stuhl), liebt es aber auch, im Schnee spazieren zu gehen.

1. Das vorhandene Instrumentarium wird gemeinsam aufgeteilt: Was passt zur dunklen, aber gemütlichen Wohn-Höhle, was zum in der Sonne glitzernden kalten Schnee?

2. Die Kinder verteilen sich auf zwei Gruppen und spielen sich gegenseitig Schnee- und Höhlenmusik vor.

3. Der Spielleiter bewegt Flocki: Ist er in seiner Höhle, soll die Höhlenmusik erklingen, geht er hinaus in den Schnee, die Schneemusik. Schläft er, so ist es still.

4. Schwierigere Variante: Manchmal lugt Flocki nur nach draußen, dann erklingen Höhlen- und Schneemusik im Übergang gleichzeitig.

Dieses Spiel ist vergleichbar mit „Wald oder Wiese", aber es kommen zwei andere Bilder bzw. Atmosphären zum Tragen. Vordergründig geht es um hell und dunkel, aber gerade die in der Sonne glitzernde Schneelandschaft bietet ein breiteres Assoziationsfeld. Durch den direkten Vergleich zwischen zwei deutlich unterscheidbaren Bildern werden die verschiedenen Charakteristika besonders deutlich.

Es lohnt sich, die Kinder zu fragen, warum die eine Musik nach Schnee und die andere nach Höhle klang. Über Gehörtes zu sprechen, verankert das Erlebnis.

Spiel: Geisterbahn [gespielt beim Stundenthema Jahrmarkt]

Auf dem Rummel ist die Geisterbahn ausgefallen. Der Chef der Geisterbahn (= Spielleiter) sucht verzweifelt Ersatz und fragt die Kinder, ob sie für die Fahrgäste unheimliche Musik spielen können.

1. Jedes Kind bekommt ein Instrument und sucht darauf einen unheimlichen Klang, der zur Geisterbahn passt. Die Klänge werden präsentiert und die Gruppe entscheidet, ob der Klang geeignet ist.

---

[9] vgl. Berger, Ulrike u.a.: Spiel und Klang (Lehrerband), Die musikalische Früherziehung mit dem Murmel, Kassel 1998, S. 157 f.

2. Sind alle Instrumente verteilt, gibt es zwei Möglichkeiten des Spielens. Entweder spielen alle ihre Klänge gemeinsam oder aber der Spielleiter (und später ein Kind) geht wie bei der Spielregel „Klanggarten" (s.o.) außen am Kreis entlang und tippt einzelne Kinder an, die solange spielen sollen bis sie durch zweimaliges Tippen wieder ausgeschaltet werden.

3. Wichtige Variante: Ein Kind (oder zwei) setzt sich in die Mitte und beurteilt als Fahrgast, ob die Geisterbahn wirklich unheimlich ist. Was kann man noch verbessern?

4. Ein Kind übernimmt das Ein- und Ausschalten.

5. Für Fortgeschrittene: Jedes Kind entscheidet selbst, wann es ein- und aussetzt.

Auch hier geht es um atmosphärisch überzeugende Musik. Gerade bei diesem Thema wird der Ehrgeiz und Spaß der Kinder geweckt, die Musik überzeugend zu gestalten. Durch die zuhörenden „Fahrgäste" gibt es ein Feedback aus den Reihen der Kinder, und zwar aus deren eigenem Erleben. Dies ist Anlass, differenziert über die Klänge zu sprechen und darauf aufbauend neue Versuche zu unternehmen.

Bei diesem Spiel geht es wohlgemerkt nicht um das allseits beliebte Grusel-Chaos nach dem Motto: Alle spielen wild durcheinander. Das Gegenteil ist der Fall. Das Unheimliche der Atmosphäre entsteht durch die zugrunde liegende Stille, in die hinein immer wieder speziell ausgewählte Klänge gespielt werden.

Interessant war, dass die zuhörenden Kinder fanden, die Musik sei gar nicht so gruselig, aber dafür sehr schön!

Spiel: Tanzbär[10] [gespielt beim Stundenthema Jahrmarkt]

In der Mitte steht der Tanzbär (= Spielleiter) und macht verschiedene Schritte (nicht unbedingt metrisch). Die Kinder klopfen auf Trommeln oder mit den Händen auf ihren Stühlen die Schritte möglichst genau mit. Dann wird getauscht und die Kinder werden abwechselnd zu Tanzbären.

Dieses Spiel ist eine schöne Abwechslung, wenn vorher still und konzentriert gearbeitet wurde. Aber auch hier geht es um Aufmerksamkeit, und zwar füreinander. Einerseits versuchen die Kinder zu verstehen, was der Tanzbär vor hat, andererseits reagiert der Tanzbär auf die Kinder, indem er versucht, ihnen immer wieder Neues abzuverlangen. Außerdem ist die Kreativität der Kinder gefragt: Auf welche Weise kann ich mich bewegen? Auf welche Weise „übersetze" ich die Schritte in Klänge?

---

[10] Dies ist nur ein anderer Name für die Spielregel „Schritte klopfen" in: Friedemann, Lilli: Trommeln, Tanzen, Tönen, Wien 1983, S. 28

Phase 3: Erzählen in Worten und Klängen

Zwischen April und Juni 2012 fand die dritte inhaltliche Phase des Projekts statt. Nach den vielfältigen Erfahrungen, Situationen musikalisch zu gestalten, sahen wir nun den Zeitpunkt für gekommen, auf eine Abschluss-Aufführung hin zu arbeiten. Zuerst dachten wir daran, ein bestehendes Buch als Vorlage zu nehmen. Dann aber wurde uns klar, dass es für unsere Projektidee viel sinnvoller sei, wenn die Kinder eigene Geschichten erfinden würden. Diese könnten dann Fächer übergreifend ausgestaltet werden: in unseren eigenen Stunden musikalisch, über die Woche verteilt aber auch bildnerisch sowie im „Kamishibai", einem japanischen Tisch-Figuren-Theater, dessen Figuren und Bühnenbilder natürlich von den Kindern hergestellt werden sollten.

Inhaltlich ging es uns darum
- die innere Vorstellungsfähigkeit der Kinder anzusprechen
- den Kindern die Gelegenheit zu geben, ihre *eigenen* Geschichten zu erfinden, Inhalte einzubringen, die für sie relevant sind
- den Kindern zu vermitteln, dass sie in der Lage sind, eigene Geschichten zu erfinden
- nach dem Prinzip des assoziativen Improvisierens dazu passende Musik zu erfinden, wozu es natürlich geeigneter Bilder bedurfte
- Fächer übergreifend zu arbeiten
- Durch wiederholtes Erzählen der Geschichten die Erzählfähigkeit der Kinder zu fordern

Unser Team arbeitete mittlerweile mit nur noch zwei Workshopleitern, jeder mit einer gleich bleibenden Gruppe. Als Klangkörper dienten gemischte elementare Instrumente.

Wie kann man mit Kindern dieser Altergruppe Geschichten entwickeln?

Wir ließen uns dafür von der Methode des „Theater Direkt"[11] anregen. Dessen Prinzip ist es, Geschichten durch Fragen des Spielleiters zu entwickeln: Wer sind die Hauptpersonen der Geschichte? Wo spielt die Geschichte? Wann spielt die Geschichte? Und vor allem: Was passierte dann?

Natürlich galt es auch, Bilder zu finden, die die musikalische Phantasie anregen. Dazu eigneten sich am besten die Hauptfiguren – in beiden parallelen Gruppen waren das

---

[11] Nachzulesen beispielsweise in: Hippe, Eva und Hippe, Lorenz: Theater Direkt – das Theater der Zuschauer. Ein Beitrag zur kollektiven Kreativität. Deutscher Theaterverlag, Weinheim 2011

Tiere – und der Ort: beide Gruppen entscheiden sich unabhängig voneinander für Dschungel. In einer Gruppe kam als zweiter Ort noch ein (normaler) Wald hinzu, in der anderen ein (natürlich unheimlicher!) Friedhof.

Anders als im originalen „Theater Direkt" verzichteten wir auf die dort zentrale Spielregel „Jede Antwort ist richtig!", sondern diskutierten Meinungsverschiedenheiten mit den Kindern aus. So hatten viele Jungs eine Vorliebe dafür, die beteiligten Tiere ständig miteinander kämpfen zu lassen. Die Mädchen hingegen fanden das langweilig. Daher mussten Kompromisse gefunden werden. Dennoch fanden auch sehr skurrile Ideen Eingang in die Geschichten: Das Schwein, das sich im Dschungel verirrt, hat Blähungen. Als es einen Tiger und einen Stier sieht, muss es vor Aufregung so stark pupsen, dass Tiger und Stier ohnmächtig werden und zu träumen beginnen. Wunderbare Aufhänger für Klänge: verschiedene unterschiedliche kleine Pupse, dann eine mächtige Duftwolke, schließlich zwei wütende Tiere, die ganz allmählich in Ohnmacht fallen und dort von einem ganz anderen Ort träumen.

Geschichten vertonen

Ist das jetzt eine ganze „normale" Klanggeschichte – nur eben selbst erfunden? Ja und nein. Tatsächlich ist der Text der Aufhänger dafür, Musik zu entwickeln. Entscheidend ist aber, dass Begriffe und Szenen der Geschichte wirkliche Freiräume des Erfindens öffnen. Da sind zum einen die Orte, die sich als Gruppe wunderbar und vielfältig darstellen lassen. Gemeinsam ist die Atmosphäre, aber jedes Kind kann diese mit einem eigenen Klang interpretieren. So wurden teils ähnliche, teils aber auch ganz unterschiedliche Klänge gewählt, die sich zu einem schlüssigen Bild zusammenfügten. Ähnlich war es mit den Hauptpersonen, den Tieren, für die wir jeweils eine Art „Auftrittsmusik" entwickelten, und zwar in eher kleinen Gruppen (je 2-3 Spieler), wobei insbesondere hier der interpretatorischen Phantasie keine Grenzen gesetzt sind. Dennoch war bei der Erarbeitung wichtig, die Tiere zu charakterisieren: Der Hund war freundlich und fröhlich, der Tiger gefährlich und aggressiv. Möglich ist es auch, mit Bewegungsqualitäten zu arbeiten. Der schleichende Leopard war in jeder Probe besonders eindrucksvoll, weil die Kinder die Spannung des Anschleichens sehr überzeugend in Musik übersetzen konnten. Die bereits oben erwähnten Bilder der sich allmählich entwickelnden Duftwolke – ein Klang der sich ausbreitet – und der beiden wilden Tiere, die allmählich ohnmächtig werden, waren Anlässe für musikalische *Veränderungen*. Dass die Tiere nicht augenblicklich ohnmächtig werden, sondern *allmählich*, war zugegebenermaßen eine Initiative von uns Erwachsenen, um die Situation musikalisch interessanter zu gestalten.

Dschungel-Geschichte 1

(Gemeinsam erfunden von: Agon, Hymeyra, Ikranur, Johanna, Luca, Lucy, Mohammed, Nilay, Yigit, Yusuf, Zeynep und Zina. Aufgeschrieben und ausformuliert von Matthias.)

Unsere Geschichte spielt in einem tiefen Dschungel. Dort war es sehr schön und sehr geheimnisvoll. (DSCHUNGELMUSIK)

Im Dschungel lebte ein Tiger. Der war gefährlich und sehr einsam. (TIGER-MUSIK)

Eines Tages verirrte sich ein Hund in den Dschungel. Es war ein sehr freundlicher Hund, der immer alles beschnupperte und ableckte. (HUNDE-MUSIK)

Als er den Tiger sah, wollte er auch ihn ablecken, doch der Tiger brüllte laut und wütend. (TIGER-MUSIK)

Da rannte der Hund so schnell er konnte davon. (HUNDE-MUSIK)

So blieb der Tiger weiterhin ganz allein in seinem schönen geheimnisvollen Dschungel. (DSCHUNGELMUSIK)

Einige Wochen später kam plötzlich ein wilder Stier herangestürmt. (STIERMUSIK)

Der Tiger sprang empört von seinem Lager auf und wollte den Eindringling vertreiben. Die beiden Tiere kämpften und kämpften, aber keines konnte das andere besiegen. (TIGER- UND STIERMUSIK)

Müde schnaufend standen sie sich gegenüber. Da sagte der Tiger: „Du bist das einzige Tier, das ich nicht besiegen kann. Wollen wir Freunde sein?" Der Stier antwortete: „Und Du bist das einzige Tier, das *ich* nicht besiegen kann. Deshalb wollen wir Freunde sein."

Noch ein paar Wochen später verirrte sich ein Schwein in den Dschungel. Es wusste nichts von Tiger und Stier und näherte sich ihrem Lager, ohne davon zu wissen. Das Schwein hatte einen nervösen Magen. In dem hatte sich wieder einmal ganz viel Luft gebildet, die jetzt nach draußen wollte. Und obwohl es dem Schwein sehr peinlich war, machte es einen zaghaften Pups ... (PUPSKLANG 1), dann noch einen (PUPSKLANG 2) und noch einen (PUPSKLANG 3).

Der Tiger und der Stier sprangen empört auf, um den Eindringling zu vertreiben. Sie brüllten wütend (TIGER- UND STIERMUSIK). Das Schwein erschrak und machte vor lauter Aufregung noch einen (PUPSKLANG 4).

Da vermischten sich die vier kleinen Düfte zu einer einzigen intensiven Duftwolke. (DUFTMUSIK) Dem Tiger und dem Stier wurde ganz anders. Erst torkelten sie, dann fielen sie zu Boden in eine tiefe Ohnmacht. (TIGER- UND STIERMUSIK DECRESCENDO)

In dieser Ohnmacht hatten sie einen Traum. Sie waren auf einem unheimlichen Friedhof (FRIEDHOFSMUSIK).

Selbstverständlich hatten weder Stier noch Tiger Angst, denn was könnte zwei solch starke Tiere in Angst versetzen! Doch plötzlich geschah etwas ganz Grauenvolles: eine schwarze Katze überquerte den Friedhof von links nach rechts!!! (KATZEN-MUSIK)

Tiger und Stier wachten vor Entsetzen auf und rannten um ihr Leben. (TIGER- UND STIERMUSIK SCHNELL)

Zurück blieb der Dschungel, so geheimnisvoll und schön, wie er schon immer gewesen war. (DSCHUNGELMUSIK)

Eigentlich wäre auch denkbar, eine Geschichte nur zu erfinden, um Anlässe zum Musizieren zu geben, die Worte aber gar nicht vorzutragen, sondern nur die Musik zu präsentieren: als reines Musik-Stück, dem eine – nur den Spielern bekannte – Geschichte als „innere Partitur" zugrunde liegt. Dies haben wir aus zwei Gründen nicht getan. Zum einen war das Erzählen (und später Lesen) ein maßgeblicher Teil unseres Projektes, zum anderen waren die Kinder noch weit davon entfernt, auf die doch so verlässliche und Ordnung stiftende Struktur der Geschichte verzichten zu können.

Interdisziplinäres

Bei der Erarbeitung von Text und Musik wurde die Geschichte immer wieder reihum frei erzählt, was den Kindern großen Spaß machte. Allerdings konnten sie sich nicht gleichzeitig auf das Erzählen und das Musizieren konzentrieren. So wurden ab einem bestimmten Zeitpunkt Rollen verteilt. In einer Gruppe erzählte (später las) der Workshopleiter und die Kinder beschränkten sich auf die Musik. In der anderen Gruppe gab es zunächst ein, später sogar drei Lesekinder, alle anderen waren für die Musik zuständig.

Wie schon in den anderen Projektphasen begann und endete jedes Treffen mit einem Tutti, in welchem gesungen und bisweilen auch gegenseitig berichtet oder sogar vorgeführt wurde. Als die Geschichten fest standen, wurde von einem der Workshopleiter ein „Dschungellied" erfunden, das sich textlich auf beide Geschichten bezog. „Das sind ja *unsere* Geschichten!" staunten die Kinder, als sie das Lied zum ersten Mal hörten.

Außerhalb unseres Unterrichts, d.h. nachmittags und während anderer Schulstunden entstanden ein riesiges Dschungelbild mit vielen Tieren und Pflanzen, das die Wand des Gruppenraums verzierte, sowie kleine an Schaschlik-Stäbe geklebte Tierfiguren und Bühnenbilder im A3-Format für das Kamishibai, das aussieht, wie ein hölzerner Flachbildschirm, in welchem man sowohl die Hintergrundbilder einlegen als auch mit den Figuren spielen kann.

Wenngleich die Kinder die Vielfalt der Aktivitäten sehr genossen, merkten wir in der Vorbereitung der Aufführung doch, dass wir immer nur eine Ausdrucksebene von ihnen einfordern konnten: entweder Figurentheater oder Erzählen oder Musik. So entstand am Ende folgender Ablauf: Zuerst wurden die tierischen Hauptakteure im Kamishibai von den Kindern mit kurzen Sätzen vorgestellt, anschließend präsentierten wir die beiden entstandenen Dschungelgeschichten. Eingerahmt wurde dieser Ablauf durch die gesungenen „Hits" des Jahres: Das Montagmorgen-Lied, das (traditionelle) Reiterlied und das Dschungel-Lied. Ein schöner Projektabschluss, der auch bei den Eltern sehr gut „ankam".

IV. Auswertung des Projekts

Zu den Rahmenbedingungen

Vorteil des wöchentlichen Turnus war die Kontinuität unserer Arbeit. Die 90 Minuten ließen sich unter Berücksichtigung einer realistischen Konzentrationszeit der Kinder gut in Tutti- und Kleingruppenarbeitsphasen einteilen. Der Nachteil der Integration unseres Projekts in den wöchentlichen Stundenplan war die damit verbundene Routine. Zwar waren wir den Kindern durch unser regelmäßiges Kommen schnell vertraut, doch genau deshalb entfiel der Bonus des „Besonderen", der Projekte bisweilen vereinfacht. Besser wäre vermutlich eine Mischung aus Intensivphasen und kontinuierlichen Phasen gewesen. Aus heutiger Sicht würden wir eine Intensivphase zu Beginn des Schuljahres vorziehen, in der das Kennenlernen und die Einführung in die musikalische Arbeit einige Tage lang im Mittelpunkt stehen, gefolgt von einer längeren Phase mit wöchentlichem Unterricht sowie einer Intensivphase am Ende als Vorbereitung auf die Abschluss-Aufführung.

Die *Unterteilung der Klasse* in zwei Gruppen à zwölf Kinder hat sich für unsere Arbeit als sinnvoll erwiesen. Da unsere Arbeitsweise auch eine große soziale Herausforderung darstellt, wäre in dieser Altergruppe und mit diesen Kindern ein regelmäßiges Arbeiten in der Großgruppe eine Überforderung gewesen.
Anfangs tauschten die Gruppen nach 20 – 25 Minuten Raum und Kursleiter, aber wir stellten fest, dass beide Gruppen nach dem Tausch nicht mehr konzentrationsfähig waren. Daher tauschten wir nur noch von Woche zu Woche. In der dritten Phase war jeder Gruppe ein Kursleiter fest zugeordnet. Das führte zwar manchmal zu Protesten einzelner Kinder, die gerne mit uns beiden gearbeitet hätten, ermöglichte aber eine sehr hilfreiche Kontinuität des Arbeitens.

Die *Begleitung* durch unterschiedliche Personen aus dem Schulalltag (Lehrerin, Erzieherinnen, Lesepatinnen) war grundsätzlich eine Unterstützung, führte aber auch zu Problemen, denn nur die Lehrerin war auf die Thematik vorbereitet. Die anderen Begleitpersonen agierten individuell verschieden. Manche intervenierten häufig, andere gar nicht. Manchen leuchtete ein, wie wir agierten, andere schienen eher kritisch distanziert. Oft kamen, gingen oder wechselten die Personen mitten im Unterricht. In den letzten Monaten unseres Projekts lösten wir die Problematik so, dass in einer Gruppe ganz ohne Begleitperson gearbeitet wurde und in der anderen mit einer festen Lesepatin. Aus heutiger Sicht wäre es sinnvoll gewesen
1. allen Beteiligten eine Einleitung ins Thema zu geben und
2. klare Regeln zur Rollenaufteilung im Unterricht zu vereinbaren, insbesondere im Bezug auf die Frage, wer dafür zuständig ist, Disziplinprobleme zu lösen.

Aber noch etwas anderes haben wir verstanden: Was speziell für jahrgangsübergreifendes Lernen sinnvoll ist, nämlich dass verschiedene Erwachsene (Erzieherinnen, Lesepatinnen) kommen und gehen und als zusätzliche Ansprechpartner für die Kinder zur Verfügung stehen, ist für unsere Arbeit kontraproduktiv. Wir brauchen eine intensive Gruppenatmosphäre und eine Art „dramaturgischen Bogen", möglichst ohne Störung durch einen personellen Wechsel innerhalb einer Arbeitseinheit.

Im Gegensatz zu den drei anderen Projekten wurde unseres ausschließlich in den *Räumlichkeiten* der Schule realisiert. Im Sinne eines modellhaften Vorgehens hatten wir so die „realen" Rahmenbedingungen, mit denen auch Lehrer in ihrem Schulalltag konfrontiert sind. Außerdem waren die Kinder in ihrer vertrauten Umgebung. Vor allem aber entfiel der zeitraubende Weg der Kinder ins exploratorium. Nachteile für uns waren allerdings der hohe Vorbereitungsaufwand (Instrumententransport, Räume präparieren) und die verpasste Chance des „Besonderen", die ein unbekannter und schöner Raum im Gegensatz zu den alltäglichen Schulräumlichkeiten bieten kann.

Zur Phase 1

In der ersten Zeit befassten wir uns hauptsächlich damit, die Kinder und ihre Fähigkeiten, insbesondere ihre Konzentrationsfähigkeit, kennenzulernen und damit umzugehen. Die Klasse hatte viel Spaß am Singen und lernte das „Montag-Morgen-Lied" erstaunlich schnell und mit Begeisterung. In den Kleingruppen war zunächst zu beobachten, dass es den Kindern schwer fiel, Regeln einzuhalten und sich als Gruppe zu verstehen, in der aufeinander Rücksicht genommen und reagiert wird. Die Kinder waren leicht ablenkbar und hatten eine starke Tendenz, sich in Streitigkeiten zu verstricken.
Andererseits war zu beobachten, dass sie häufig zunächst mit Begeisterung dabei waren und die Störungen erst in Situationen der Über- oder Unterforderung auftraten. In Anbetracht der großen Altersspanne der Kinder waren solche Situationen aber nur schwer zu vermeiden. Bei fast jedem Spiel gab es ein bis zwei Kinder, die sich von der jeweiligen Aufgabenstellung entweder über- oder unterfordert fühlten.

Das Arbeiten mit *Trommeln und Bewegung* erwies sich als ambivalent. Einerseits erlaubt es den Kindern, impulsiv zu agieren, andererseits ermuntert es geradezu zum Toben. Hier das richtige Maß zu finden, ohne die Kinder ständig zur Ruhe anhalten zu müssen, ist nicht leicht. Als verblüffend gut erwies sich dabei die oben beschriebene musikalische Variante des Stopp-Tanzes. Die Kinder gierten geradezu danach, die Musik-Pause nicht zu verpassen, und waren mit größter Aufmerksamkeit bei der Sache.

Als Fehler unsererseits betrachten wir, dass wir uns bereits in dieser Phase darauf einließen, eine kleine *Aufführung* als Beitrag zum Lesefest – einem schulischen Großereignis – vorzubereiten. So unterbrachen wir die angefangene primär sozial ausgerichtete Arbeit und versuchten ergebnisorientiert zu arbeiten – viel zu früh, wie sich herausstellte. Das lustvolle Spielen wurde plötzlich zum Stress und das Ergebnis entsprach nicht dem, was wir gerne präsentiert hätten (und was andere von unserem geförderten Musikprojekt natürlich erwarteten). Daraus gilt es zu lernen!

Zur Phase 2

In der zweiten Phase war die Einführung von *Ritualen* (Teppich, Zauberspruch, gesungener Ton, s.o.) vor allem für die jüngeren Kinder zunächst vielversprechend. Die Raumwechsel gingen die ersten Male reibungslos vonstatten. Durch die passende Dekoration zum Reiseziel und die schönen Teppiche entstand besonders zu Beginn des Unterrichts in den Kleingruppen immer wieder eine von Staunen geprägte Atmosphäre, die dem konzentrierten Arbeiten sehr zuträglich war.
Probleme lagen aber darin, dass einige Kinder nach einer Weile nicht mehr „klein" gezaubert werden wollten, weil sie lieber groß sein wollten. Die Wiederholung der Rituale langweilte vor allem die älteren SchülerInnen, die großen Einfluss auf die jüngeren ausübten. In dieser zweiten Phase waren wir daher besonders mit der Heterogenität der Klasse konfrontiert, in der die jüngsten Kinder sechs und die ältesten bereits neun Jahre alt waren.

Unsere *Hörrätsel* waren zunächst ein Erfolg: Die Kinder hatten Freude beim Raten und sammelten klangliche Erfahrungen damit, wie es klingen kann, wenn Orte musikalisch dargestellt werden. Allerdings interessierten sie sich in erster Linie dafür, ob sie richtig oder falsch lagen. Begründungen für ihre Annahme, also das Kommunizieren über das Gehörte, schienen ihre Fähigkeiten zu überschreiten.

Die Einführung einer sehr bunten Auswahl unterschiedlicher *elementarer Instrumente* hatte Vor- und Nachteile.
Als Schwierigkeit erwies sich, dass bestimmte Instrumente deutlich beliebter waren als andere. An manchen Tagen konnte das ganz unproblematisch sein, an anderen existentielle Dramen verursachen, an wieder anderen waren heldenhaft großzügige Tauschangebote zu erleben. Ein Rezept für den Umgang damit haben wir nicht gefunden, jedoch beobachtet, dass sich im Laufe der Zeit die Problematik verflüchtigte. Hier zeigte sich stellvertretend, wie die Kinder gewohnt waren mit Konflikten, Enttäuschungen, Verzicht etc. umzugehen: ein dankbares Feld für notwendiges soziales Lernen, das aber im Rahmen eines Musikprojektes schwer zu bearbeiten ist.

Die Stärke des vielfältigen Instrumentariums lag in den reizvollen Klangangeboten und den Möglichkeiten, jedem Instrument eine Vielzahl von verschiedenen Klängen zu entlocken. Auch sind die Instrumente jedes für sich bereits charakteristisch, so dass sie unschwer für bestimmte musikalische Situationen eingesetzt werden können. Entsprechend fiel den Kindern eine überzeugende Zuordnung zu den jeweiligen Orten (z. B. helle Metallinstrumente bei Schneelandschaft) leicht.

Dies ist sicherlich auch einer der Gründe, warum es immer wieder „*magische Momente*" gab, also musikalische Situationen, in denen alles „stimmte". Sie entstanden dann, wenn es den Kindern gelang, innerlich zur Ruhe zu kommen, sich ganz auf die Klänge einzulassen. Dieses Sich-Einlassen geschah am ehesten, wenn wir mit Bildern arbeiteten, die für die Kinder einleuchtend waren. Hilfreich war, wenn diese Bilder zuvor durch lebendige verbale Beschreibung greifbar gemacht wurden: beispielsweise ein bunter und lebendiger Dschungel, in dem unzählige Tiere und Pflanzen zu finden sind, der aber auch ein bisschen unheimlich ist und in den man ganz still und aufmerksam hineingehen muss, um alles wahrzunehmen. Wenn es gelang, dieses Bild in den Kindern entstehen zu lassen, dann wurde auch die Musik überzeugend.

Das *Lauschen* spielte dabei eine zentrale Rolle. Uns hat überrascht, dass die Kinder daran großen Spaß hatten. Insbesondere das Spiel „Richtungen und Wege raten" (s.o.) wurde mit großer Begeisterung gespielt. Aber auch die Hörer-Rolle bei verschiedenen Klangbildern wurde gerne eingenommen und das Gehörte anschließend kritisch kommentiert. („Das war gar nicht unheimlich! Dazu klang es viel zu schön!") Schwierig war nur, die gesamte Gruppe zu Beginn eines Stückes in Lauschbereitschaft zu versetzen, weil immer irgendjemand gerade mit etwas anderem beschäftigt war und die Situation damit störte.

Interessante Beobachtung: Ein kleines *Kuscheltier*, das bei einer Spielregel die Aufgabe hatte, sich zu verschiedener Musik entweder in seiner dunklen Höhle zu verkriechen oder in die sonnige Schneelandschaft zu schauen, war der große Hit, besonders bei einem der ältesten Jungen, der sich sonst immer betont gelangweilt gab. War „Flocki" dabei, lösten sich manche Motivationsprobleme von alleine.

Diese zweite Phase war wie gesagt dem *assoziativen Arbeiten* gewidmet, das hinsichtlich seiner Wirkung bereits analysiert wurde. Diese Vorarbeit war wichtig, um anschließend die dritte Phase zu gestalten.

Zur Phase 3

In dieser Phase war es uns wichtig, den Bogen von der Musik zur Sprache noch einmal in den Fokus der Aufmerksamkeit zu stellen. Zwei Aspekte erschienen uns dabei von entscheidender Bedeutung. Zum einen wollten wir den Kindern vermitteln, dass sie tatsächlich in der Lage sind, eigenständig (wenngleich mit moderierender Hilfe von Erwachsenen) eine *eigene* Geschichte und dazu *eigene* Musik zu erfinden. Zum anderen wollten wir damit die *innere Vorstellungsfähigkeit* ansprechen und herausfordern, die eine ganz wesentliche Rolle für die Entwicklung von Musikalität ebenso wie für das Lesenlernen spielt.

Das *Erfinden der Geschichten* erwies sich als gut realisierbar, wenngleich bisweilen für sehr unterschiedliche Ideen Kompromisse gefunden werden mussten. Das dürfte auch der Grund sein, warum die Kinder einige Zeit brauchten, um diese Geschichte als wirklich *ihre* zu betrachten. Denn jedes Kind hatte natürlich nur einzelne Ideen beigetragen und mancher Kompromiss wurde nur Zähne knirschend in Kauf genommen.

Das *Erfinden der Musik* zur Geschichte war nach der Vorarbeit der 2. Phase unproblematisch. Wir beschränkten uns dabei auf die musikalische Kommentierung der Hauptakteure (Tiere), auf die Örtlichkeiten (Dschungel, Wald, Friedhof) und auf bestimmte Vorgänge (Duft steigt auf, Tiere versinken allmählich in Schlaf). Dazwischen hatten durchaus längere Textphasen ihren Platz.

Weil das Aussuchen der passenden Instrumente viel Zeit in Anspruch nahm, einigten wir uns darauf, durch welche Instrumente die jeweiligen Musiken auszuführen seien und wer diese spielte. Dadurch wurden die musikalischen Aktionen schon recht bald in einer Weise festgelegt, die wir Kursleiter nicht ganz glücklich fanden, mit der die Kinder aber vollkommen zufrieden waren. Allerdings hätte es rein logistisch auch keine andere Möglichkeit gegeben, weil wir nicht mehr als 2-3 Instrumente pro Kind zur Verfügung hatten.

Das interdisziplinäre Arbeiten – zusätzlich zum Erzählen und Musizieren auch Malen, Figurenbau und Figurentheater – half dabei, eine Arbeitsintensität zu erschaffen, die den Endspurt hin zur Aufführung trug. Unsere Geschichten waren sozusagen allgegenwärtig, in den unterschiedlichen künstlerischen Angeboten. Jede Kunstform half, sie lebendig werden zu lassen und ihnen neue Aspekte abzugewinnen.

Entsprechend wurde die Abschluss-Aufführung von den Kindern mit großem Spaß umgesetzt und von den Eltern und Besuchern sehr positiv aufgenommen.

Resumée

Was nehmen wir mit aus diesem Projekt?

Musizieren und Sprechen/Erzählen sind in vielfacher Weise miteinander verknüpft. Beim *interdisziplinären Arbeiten* inspirieren sich die verschiedenen Ausdrucksformen gegenseitig. Was ich in der einen entdecke, hilft mir auch in der anderen.

Entscheidend ist dabei der *explorative Ansatz*: das Erforschen der verschiedenen Ausdrucksebenen durch eigenes Probieren. Man kann das auch als improvisatorisches Lernen bezeichnen. Unser Projekt hat speziell diesen Aspekt improvisatorischen Arbeitens beleuchtet.

Beim Explorieren der Kinder haben wir Erwachsenen die Rolle der *Begleiter*. Wir sagen nicht, wie es ist, sondern wir moderieren das Entdecken. In unserem Fall haben wir vor allem Spielideen angeboten, die Erfahrungsräume öffneten, aber auch Gespräche initiiert und moderiert, Fragen gestellt und Einigungsprozesse unterstützt.

Was für uns evident wurde: Die Kinder tragen die Fähigkeit, *musikalisch* zu agieren, in sich. Alle sind imstande, musikalisch „magische" Momente zu erschaffen. Voraussetzung dafür ist, dass sie innerlich zur Ruhe kommen, nicht von anderem und anderen abgelenkt sind, nicht mit Streit um Instrumente oder Sitzplätze, nicht mit dem Austragen aller möglicher Animositäten beschäftigt sind. Immer wenn es gelang, eine Atmosphäre von Stille und Konzentration, vor allem aber von Sich-Einlassen zu erzeugen, entstand auch überzeugende Musik.

Assoziatives Arbeiten war dabei hilfreich, weil Kinder eine große Bereitschaft haben, sich auf Bilder, die ihrer Erlebniswelt entsprechen, einzulassen. Mithilfe von Bildern entsteht Intensität und „erfüllter" Ausdruck.
Dies möchten wir jedoch ganz ausdrücklich als *methodischen Einstieg* in kreatives Musizieren verstanden wissen. Längerfristig sollen Kinder unbedingt erfahren, dass Musik auch in ihrer „absoluten" Form Gültigkeit hat, ohne jegliches Bild. Diese Erfahrung wäre einem Folgeprojekt vorbehalten.

Und zuletzt: *Kinder sind kreativ*! Sie sind in der Lage, eigene Geschichten zu erfinden, sie sind in der Lage, Musik selbst zu entwickeln. Die kreativen Fähigkeiten sind vorhanden, es gilt nur, ihnen angemessene Spielräume zur Verfügung zu stellen.

71

Claudia Hartmann, Ulrike Keefer, Angelika Schall

Lauschen – Experimentieren – Kommunizieren: Musikalisches und Soziales Lernen in einer JüL-Klasse

Kooperationspartner:	Adolf-Glaßbrenner-Grundschule (Kreuzberg) - mit Klassenlehrerin Sabine Simon-Blieske
Kinder:	Klasse JüL f (24 Kinder)
Workshopleiter:	Claudia Hartmann, Ulrike Keefer, Angelika Schall
Dauer:	Mo – Fr, 12. – 16. September 2011 täglich 2 Gruppen zu je 90 Minuten
Gruppengröße:	halbe Klassengröße mit 3 WS-Leitern
Unterrichtsort:	exploratorium berlin
Präsentation:	Werkschau für die Eltern am 16.9.2011

Grundidee: Die JüL-Klasse mit den Klassenstufen 1–3 hat zum Schuljahresbeginn ein Drittel neue Schüler. In dem einwöchigen Musikprojekt sammeln die Kinder neue musikalische Erfahrungen, wachsen aber auch als Gruppe zusammen, weil die musikalische Arbeit die Aufmerksamkeit füreinander in den Mittelpunkt stellt.

Die Adolf-Glaßbrenner-Schule ist eine offene Ganztagsschule und verfolgt ein eigenes Konzept mit dem Schwerpunkt gemeinsamen und freudigen Lernens (www.adolf-glassbrenner-schule.cidsnet.de). Sie kooperiert bezüglich ihrer Ganztagsbetreuung mit der Diakonie Stadtmitte e.V. Es gibt vielfältige zusätzliche Lern- und Freizeitangebote. Ca. 48% der Schüler haben Migrationshintergrund, ungefähr eben so viele sind Lehrmittel befreit.

Die am Projekt teilnehmende Klasse wurde von einer sehr engagierten Lehrerin geführt. So hatten die Kinder bereits kurz nach Schulbeginn bevor sie zu uns kamen eine gute Grundlage bezüglich Klassengemeinschaft und Sozialverhalten erarbeitet. Dennoch war das vorrangige Ziel der Schule an das Projekt, dass sich die Kinder mit ihren individuellen Fähigkeiten und Eigenheiten besser in die Klassengemeinschaft integrieren.

Die Klasse wurde täglich neu in zwei Gruppen von 12 Kindern aufgeteilt, was zum Ziel hatte, dass sich alle besser kennen lernen konnten und keine festen Grüppchen entstanden. Die Einteilung wurde von der Klassenlehrerin vorgenommen, die darauf achtete, dass jede Klassenstufe in jeder Gruppe ausgewogen vertreten war und dass sich Geschlechter und Charaktere gut durchmischten.

Unsere Ziele

Unser grundsätzliches Anliegen war, soziale Kompetenzen bei den Kindern zu fördern, d.h. gegenseitig aufeinander zu hören, sich füreinander zu interessieren, sich mitzuteilen, sich aufeinander einzuschwingen, sich gegenseitig zu akzeptieren. Unser Angebot sollte Spaß machen, es sollte Lust am freien klanglichen und gestischen Ausdruck entwickeln. Zusätzlich wollten wir die auditive Wahrnehmungsfähigkeit, Aufmerksamkeit und Konzentration fördern und das Sprachverständnis, sowie die vorstellende und gestaltende Phantasie verbessern. (vgl. Kapitel Auswertung)

Vorangehende Überlegungen:

Aufgrund des jungen Alters der Teilnehmenden konzipierten wir einen täglich gleichbleibenden, sich wiederholenden Ablauf, der den Kindern Orientierung geben sollte. Dieser Ablauf wurde in sieben Teile untergliedert, von denen drei Ritualcharakter hatten und einen festen Rahmen bildeten. Es wechselten introvertierende Phasen, in denen Aufmerksamkeit, Konzentration und aufeinander Hören im Vordergrund standen mit extrovertierenden Phasen, in denen die Kinder sich bewegen, tanzen und austoben konnten. Außerdem wollten wir auf Ausgeglichenheit zwischen freieren und strukturierten Angeboten achten.

Die Einteilung unter uns Fachkräften bezüglich der Leitungsrolle war für jeden Teilablauf festgelegt. So konnten einzelne Kinder durch die nichtleitenden Fachkräfte besser integriert werden. Diese Aufteilung ermöglichte uns außerdem, unsere unterschiedlichen beruflichen Ausrichtungen und dadurch erworbenen speziellen Fähigkeiten ohne Spannung einbringen zu können.

Die begleitenden Lehrkräfte der Schule blieben als Hospitanten im Hintergrund und sollten nur im größten Notfall eingreifen. Vor- und nachher waren kurze Zeiten für besondere Absprachen eingeplant. Außerdem war telefonischer Kontakt zu den Lehrkräften am Nachmittag möglich.

Das Fotografieren durch eine weitere Person und das Hospitieren von Kollegen wollten wir auf einen bestimmten Tag beschränken, damit die Kinder nicht zu sehr abgelenkt wurden, sondern wirklich in den Prozess eintauchen konnten. Das Video- und

Tonbandgerät lief täglich aus der selben Ecke, sodass die Kinder sich von Anfang an daran gewöhnen konnten und bereits nach wenigen Minuten nicht mehr daran dachten.

Wir wollten viele unterschiedliche und dennoch ausgewählte Instrumente zur Verfügung stellen. Die Kinder sollten die Möglichkeit haben, Blasen, Schlagen, Zupfen, Streichen und Rasseln kennen zu lernen. Wir hatten uns leider nicht im Vorhinein erkundigt, welche Erfahrungen die Kinder bezüglich Musik und Musikinstrumenten mitbringen. In jedem Falle sollten die Instrumente ein ansprechendes Aussehen haben und gut klingen. Denn auch Ratschen und Rasseln können voll oder unbefriedigend klingen. Dennoch begrenzten wir das Instrumentarium, um einer Sinnesüberreizung vorzubeugen. Die Kinder sollten keine Instrumente von zuhause mitbringen, um Konkurrenzen zu vermeiden. (s. auch Auswertung)

Darstellung des Workshops

Der tägliche Ablauf

Mit einer pädagogischen Begleitkraft, meist der Klassenlehrerin selbst, kam die erste Gruppe von 9:00-10:30, die zweite Gruppe von 11:00-12:30.
Zwischen beiden Schulstunden einer Einheit gab es eine kurze Pause von ca. 10 Minuten, in der die Lehrerin die Betreuung übernahm.

Als wiederkehrende Rituale gab es am Anfang eine Begrüßung in Form von gegenseitiger Wahrnehmung, Fragen zur Befindlichkeit, spielerischer Raumerkundung (Bewegungsspiel I), nach der Pause das Zauberwaldlied und am Ende einen Abschlusstanz.

Der Ablauf gliederte sich in 7 Abschnitte:

1. Begrüßung und Raumerkundung (Bewegungsspiel I) [Ritual]
2. Namens- und Kennenlernspiele
3. Bewegung zur Musik (Bewegungsspiel II)
   Horchspiel (nur am 1. Tag)

   Pause

4. Zauberwaldlied [Ritual]
5. Improvisationsspiele und freie Improvisation
6. Aki-ma-taki
7. Abschlusstanz: Bim Bam Biribiribam [Ritual]

1. Begrüßung und Raumerkundung (Bewegungsspiel I)

Stop and Go: Eine Kollegin spielt die Trommel oder Gitarre, alle Kinder rennen frei durch den Raum. Wenn die Trommel stoppt, führen die Kinder eine Aufgabe aus, z.B. etwas Rotes zu berühren, sich auf den Boden zu legen, eine Wand zu berühren, sich zu zweit an den Händen fassen und eine Brücke bilden usw.

2. Namens- und Kennenlernspiele

Erfinden im Kreis: Eine Trommel wird im Kreis herumgegeben, wer an der Reihe ist, sagt seinen Namen und spielt darauf, was ihm gerade in den Sinn kommt: ein paar Schläge, ein Kratzgeräusch, ein Klopfen an der Seite, ein Streichen über die Spann-schnüre usw.

Varianten:
* Reihum den Namen sagen und ein Körperperkussionsmotiv erfinden
* Reihum den Namen sagen und ein Mundgeräusch erfinden
* (Eingebettet in eine Thematik:) "Mein Zauberwesen macht: *ptptpt* oder *kkkk*" o.a. (hier kann man Artikulationsmöglichkeiten der Kinder heraus-fordern und fördern)

In einer unsichtbaren, pantomimisch dargestellten **"Zauberkugel"** sitzt ein Wesen, das ein bestimmtes Geräusch macht. Die Kugel wird unsichtbar zu einem zu benennenden Kind geworfen, gerollt oder gegeben. Dieses nimmt die unsichtbare Kugel, erfindet ein neues Geräusch und gibt sie weiter.

Anschließend an eines oder mehrere dieser Spiele kann mit den jeweiligen gefundenen Klangcharakteren eine kurze freie Improvisation folgen: "Die Zauberwesen unterhalten sich" oder "Wir machen ein Begrüßungskonzert".

3. Bewegen zur Musik (Bewegungsspiel II)

Im Gegensatz zum ersten Bewegungsspiel geht es jetzt darum, herauszuhören, welche Bewegungen zur betreffenden gehörten Spielweise passt. L spielt Gitarre oder Trommel und die Kinder versuchen, sich danach zu bewegen. Um die Bewegungsvielfalt und Kreativität anzuregen, sollen sich die Kinder in **Zauberwesen** „verwandeln".

Erweiterung: ein Kind macht vor, wie es sich zu einem gespielten Motiv bewegt hatte, die anderen versuchen, es zu imitieren. Dies ermöglicht, einzelne Kinder in den Mittelpunkt zu stellen, ihnen die Führung zu überlassen, ohne sie zu sehr zu exponieren und zu überfordern.

Horchspiel

Der Begriff des Horchens oder Lauschens war den Kindern weitgehend unbekannt. Sie wussten, was Hören und Zuhören bedeutet. Dass aber Horchen eine aktive innere Aufmerksamkeit voraussetzt, dass es auch das Wort „aufhorchen" gibt, lernten sie in diesem Spiel. Aufgrund der zu vielen Angebote und der Erfahrung, dass die Kinder viel Zeit für die Bewegungsspiele und viel Wiederholung bei den Improvisationsspielen benötigten, ließen wir diesen Teil ab dem dritten Tag aus. Das Spiel soll hier dennoch erklärt werden, da es auf besondere Weise die auditive Wahrnehmungsfähigkeit und die Konzentration fördert.

Richtung hören / Wege hören: Die Kinder massieren ihre Ohren und „wecken" sie somit auf. Dann geht eine Person (anfangs eine Leiterin, später ein Kind) einen Weg durch den Raum und spielt dabei auf einer Trommel. Die Kinder sitzen mit geschlossenen Augen im Kreis und zeigen mit dem Finger, wohin der Spieler geht und welchen Weg er zurücklegt. Anschließend versuchen ein oder zwei Kinder den gehörten Weg nachzugehen.

Pause:

Die Kinder verbrachten die Pause draußen im Eingangsbereich, während wir Kolleginnen im Raum den Zauberwald mit Stellwänden, Stehleitern, Stühlen und Tischen, die wir mit Tüchern behängten, aufbauten.

4. Zauberwaldlied

„Wer stapft da durch den Zauberwald, simsa simsa go,
das ist der Zauberer Zarobald, simsa simsa go,
simsa gogo, simsa gogo, hört den Zaubergong"[12]

Realisierung: Die Kinder wurden singend von der Kollegin herein geführt: "Wer stapft da durch den Zauberwald" Sie schlug an der benannten Stelle den Gong an. Hinter den Kulissen „antwortete" der Zauberer mit einem anderen Gong, oder jeweils einem anderen Überraschungsklang (s. auch weitere Ausführung unten).

---

[12] Berger, Ulrike u.a.: Murmel & Co, 144 Lieder – nicht nur zum Singen, Kassel 1997, S. 57

5. Improvisationsspiele

An- und Austippen:
Die Kinder sitzen im Raum verteilt und schließen die Augen, während für sie die Instrumente ausgeteilt werden. Dann ertasten sie das jeweils vor ihnen liegende Instrument. Anschließend tippt der Zauberer mit seinem Zauberstab ein Kind nach dem anderen an, das jeweils die Augen öffnet und spielt, bis es wiederum vom Zauberer „ausgetippt" wird. So kann der Zauberer Klänge seiner Wahl einzeln oder zusammen erklingen lassen.

Später könnte der Zauberer auch von einem Kind gespielt werden. Dies war aus zeitlichen Gründen nicht mehr zu realisieren.

Der Elefant:[13]
Die Spieler sitzen im Kreis, jeder hat eine Trommel zwischen den Knien. Die Schritte eines Elefanten gehen reihum. Zunächst bleibt das Tempo konstant, der Übergang von einer Trommel zur anderen soll möglichst nahtlos, ohne „Stolpern" erfolgen.
Varianten:
a) allmähliche Tempoänderungen
b) Hetzjagd: der Elefant rast im Kreis (Trommeltremolo)
c) in einer letzten Steigerung darf er während dieser Jagd sogar plötzlich die Richtung wechseln.

Bei der Originalspielregel soll der Richtungswechsel nur durch Blickkontakt der Spieler erfolgen. Dies änderten wir ab, indem jeweils eine der Kolleginnen durch einen lauten "Uuahh"-Ruf samt entsprechender Körpergeste (Hände erheben) ein wildes Tier, z.B. ein Tiger, darstellte. Vor diesem erschreckte sich der Elefant so, dass er sich umdrehen und in die andere Richtung davonrennen musste. Später konnten auch die Kinder der Tiger sein.

Wir hatten vorab schon mehrfach Start-Stopp-Spiele und langsames bzw. schnelles Trommeln (Trommeltremolo) geübt. Auch hatten die Kinder schon geübt, einen Schlag gleichmäßig durch den Kreis weiterzugeben als würde ein Tier reihum gehen. Dennoch war das Elefanten-Spiel für die Kinder schwerer als gedacht.
Um das Metrum aufrecht zu erhalten, war es hilfreich, dass die Kolleginnen gut verteilt im Kreis saßen. Manche Kinder hatten auch Probleme, die Trommel, besonders wenn es größere Djembés waren, zu halten. So achteten wir darauf, dass sie auf ihnen

---

[13] Schwabe, Matthias: Musik spielend erfinden, Kassel 1992, S. 14 f.

saßen, damit sie die Hände frei hatten, um rasch los trommeln zu können. Eine weitere Schwierigkeit war es besonders für die Jüngeren, sich einen Elefanten vorzustellen, ohne dass dieser sichtbar war. Zusätzlich wurden sie bezüglich ihrer Reaktionsschnelligkeit und ihrer motorischen Möglichkeiten in diesem Spiel stark herausgefordert.

Um das Prinzip zu verstehen, ließen wir deshalb erst einmal ein Kind die Elefantenrolle spielen und langsam mit schweren Schritten und „Rüsselarm" im Innenkreis umher gehen, während die sitzenden Kinder die Schritte mit ihrer Trommel begleiteten, wenn das "Elefanten-Kind" an ihnen vorbei kam.
Danach sollten sich die Kinder nach außen umdrehen, so dass alle mit dem Rücken zur Kreismitte saßen. Wenn das „Elefantenkind", das jetzt außen um den Kreis ging, vorbei kam, war dies erst zu sehen, wenn es ganz nahe kam, da sich die Kinder nicht nach ihm umdrehen durften. Dies förderte die Fähigkeit, schnell zu reagieren, und schaffte so fließendere Übergänge, ohne dass manche Kinder zu früh oder zu spät zu spielen begannen. Später sprachen wir dann auch von einer Elefantenherde. Die Vorstellung von vielen rennenden Füßen half, schnelle Trommelschläge (Trommeltremolo) zu spielen.

Freie Improvisation

Zaubertränke:
Die Kinder sitzen um ein blaues Tuch. Jedes hat ein „Zauberinstrument" vor sich. Reihum stellen sich die „Zauberwesen" vor. Anschließend unterhalten sich zuerst die großen, lauten Tiere, dann die kleinen leisen. Oder sie beginnen zu streiten u.ä.

Zauberwaldgeschichte:
Die Zauberwesen in Form von verschiedenen Klängen (Instrumenten) leben im Wald, treffen sich, tanzen, schlafen, wachen auf, verkriechen sich vor dem Gewitter usw.

6. Aki-ma-taki

Aki-ma-taki ist ein Kreistanz, der zwar nach ganz genauen Regeln zu tanzen ist, aber ausgelassene Bewegungselemente enthält - es gibt einiges zu lachen - außerdem ist er sehr geeignet, Berührungsängste zwischen Klassenkameraden aufzulösen.

Tanzbeschreibung:
Aufstellung: Stirnkreis zueinander, d.h. als Doppelkreis stehend, dabei ist der Innenkreis dem Außenkreis zugewandt, so dass es immer Paare ergibt, die sich anschauen.
Bewegungen: Zu den Worten „Aki-ma-taki" zweimal im Metrum klatschen und zweimal auf die Oberschenkel patschen. Bei „tanzen wir im Kreis" partnerweise in die Hände des Gegenübers klatschen. Bei „Hei" macht der Innenkreis einen Sprung nach rechts. Der Außenkreis bleibt stehen, hüpft auf der Stelle und klatscht über dem Körper in die Hände (Hampelmannsprung).

Es erwies sich als schwierig, die Kinder gleich in 2-er Paaren in den Kreis zu stellen und dann erst den Tanz zu zeigen, weil sich natürlich alle Kinder während der Erklärung der anleitenden Kollegin zuwandten, um etwas zu sehen, so dass die Aufstellung wieder durcheinander geriet.

Deshalb überlegten wir uns folgende Vorgehensweise:

a) Alle stehen im Kreis. Es wird 1-2-1-2-1-2- abgezählt. Erst machen alle Kinder das Klatschen, das Patschen sowie das Gegenüber-Klatschen in die Luft in Richtung Kreismitte, also ohne Partner. Bei „hei" springen alle nach rechts.

b) Bei „hei" springt dann Kind 1 nach rechts vor Kind 2 und wendet sich diesem zu, so dass sie einander gegenüber stehen, d.h. es entsteht dabei ein Innen- und ein Außenkreis. Alles wird wiederholt. Beim nächsten „hei" springt Kind 1 wieder nach rechts, so dass alle wieder zur Kreismitte schauen wie am Anfang.

c) Die Kinder 1 springen bei „hei" wieder nach rechts vor zum ersten Partner, anschließend springen die Kinder 2 bei jedem „hei" zum jeweils folgenden Nachbarn nach rechts, so dass sich der entstandene Außenkreis langsam gegen den Uhrzeigersinn dreht.

Hilfreich war, dass je eine Kollegin beim Innen- bzw. Außenkreis dabei war, um das Ganze zu stabilisieren. Wenn es auch zunächst etwas Drunter und Drüber ging, hatten die Kinder viel Spaß und lernten die Abfolge so rasch, dass wir immer schneller werden konnten.

7. Abschlusstanz :

Bimbam Biribiri Bam[14] ist ein ruhiger Tanz zu getragener Musik. Er ist gut geeignet, die Kinder wieder zu konzentrieren und zusammen zu bringen.
Charakter: ruhig, meditativ. Gut zum Abschluss einer Stunde geeignet. Begleitung: Akkordeon live

Tanzbeschreibung:
Im großen Kreis stehend (Stirnkreis), die Hände gefasst.

1. Teil: In 8 kleinen Schritten gemeinsam in die Mitte gehen. Ebenso rückwärts wieder zurück.

2. Teil: Gemeinsam in Tanzrichtung gehen, d.h. gegen den Uhrzeigersinn. Bei der Wiederholung in die andere Richtung gehen.

Variation bei den Wiederholungen des gesamten Liedes: bei der 1. Wiederholung im 2. Teil statt dem Gehen seitliche Anstellschritte machen; beim 2. Mal Überkreuz-Schritte nach vorne bzw. hinten – jeweils zunächst in Tanzrichtung, dann entgegen der Tanzrichtung.

Weitere Variationsideen:
Jedes Kind bekommt ein Chiffon-Tuch in die rechte Hand und hält es fest. Wichtig ist dabei, den Kreis zu halten, obwohl keine Handfassung mehr vorhanden ist. Dafür kann man zur Orientierung etwas in die Mitte legen, z.B. ein Tuch.
1.Teil: Tücher beim In-die-Mitte-Gehen von unten nach oben führen und wieder zurück beim Hinausgehen. 2.Teil: Tücher seitlich am Körper schwenken u.ä.

Auswertung

Ist es möglich, musikimprovisatorische Abläufe in ihrer klanglichen, emotionalen und sozialen Dynamik zu beschreiben und auszuwerten? Verklungenes ist ja nicht wieder heraufholbar und jeder Hörende ergreift nur die von ihm meist unbewusst selektiv wahrgenommenen Anteile.

Die Wahrnehmung, Erinnerung und Interpretation einzelner musikalisch-improvisatorischer Sequenzen, des Zusammenspiels in der Gruppe oder des Verhal-

---

[14] Jehn, Margarete und Wolfgang: Ich bin ne kleine Schnecke, Lieder und Spiele für richtig Kleine, Autorenverlag Worpsweder Musikwerkstatt 2002

tens einzelner Kinder hängt von den verschiedensten Faktoren ab und ist sehr subjektiv. Unsere Sozialisation, die Kultur, in der wir zuhause sind, die Erziehung, die wir genossen haben und die Ausbildungen und biographischen Entwicklungen, die jeder von uns durchlaufen hat, prägen den Fokus der Beobachtung und die Art und Weise von Beurteilungen.

Ebenso steht es mit der Wahrnehmung und Beurteilung zwischenmenschlicher Prozesse, also den sozialen Abläufen innerhalb der Gruppe oder zwischen einzelnen Kindern und den Kolleginnen. Auch diese sind nicht wiederholbar und auch hier nimmt jeder selektiv und vieles auch eher unbewusst wahr.

Selbst die Durchsicht der während des Workshops durchwegs gemachten Videoaufnahmen hat z.T. Beobachtungen, die wir Workshopleiterinnen während der Woche in ähnlicher Weise gemacht hatten, in Frage gestellt. Das bedeutet aber, dass auch die Videographie kein zuverlässiges, objektives Medium ist, das alle Facetten des zu Erlebenden einfangen kann. In unserem Fall stand die Kamera auch immer gleichbleibend in derselben Ecke und hat von dort heraus aufgenommen. Viele kleine Details konnten so nicht mitgeschnitten werden.

In dieser Auswertung haben wir uns bemüht, möglichst alle von uns zusammengetragenen Wahrnehmungen und Erinnerungen zu integrieren und sie somit möglichst umfassend darzustellen. Sowohl während der Vorbereitung, als auch während der Durchführung und Auswertung haben wir sehr von unseren unterschiedlichen Sichtweisen profitiert. Es gab nur selten Schwierigkeiten in der Verständigung z.B. über unterschiedliche Herangehensweisen und unterschiedliche Beurteilungen von Kinderverhalten. Insgesamt war es eine sehr konstruktive Zusammenarbeit, die das Motto, voneinander zu lernen, in den Vordergrund stellte. So standen wir als Leiterinnen ebenso in einem Lernprozess wie die Kinder. Und in diesem Sinne soll auch diese Dokumentation zum Lernen einladen, Fragen stellen, Fragen eröffnen und zum Gespräch anregen.

Rahmenbedingungen, Stimmung und Bereitschaft

Die Kinder wurden jeweils zum Stundenbeginn von der Lehrerin gebracht. Es fiel auf, dass sie ganz unterschiedlich ankamen, je nachdem, ob sie von ihrer vertrauten Klassenlehrerin gebracht wurden oder einer anderen pädagogischen Betreuungskraft. Je mehr Kontinuität und Vertrautheit da war, desto ruhiger und zentrierter waren die Kinder. In diesem Sinne hatte die Lehrerin in den ersten Schulwochen schon vieles angelegt.

Es war zudem zu beobachten, dass die Kinder präsenter und aufmerksamer waren, wenn sie zur ersten statt zur dritten Stunde kamen. Die Idee, die Gruppe immer wieder neu zusammen zu stellen, war unter anderem deshalb gut.

Interessant war die Gruppendynamik innerhalb der Woche, die sicherlich bei ähnlichen Gegebenheiten vergleichbar abläuft. Ab dem 3. Tag versuchten die Kinder vermehrt, unsere Grenzen auszutesten. Das drückte sich in Unruhe, leichten Provokationen, Sich-Verbünden „gegen" die Erwachsenen aus, zeigt aber auch, dass sich die Kinder immer wohler und sicherer fühlten, und damit mutiger wurden, auch unbequemere Seiten zu zeigen.

Insgesamt waren die Kinder aber sehr umgänglich und bereitwillig, was wir unter anderem den guten Rahmenbedingungen zu verdanken hatten: Die Leitung teilten wir einmal zu zweit, sonst zu dritt und die Aufteilung bezüglich der Leitung einzelner Sequenzen war klar abgesprochen. Zudem standen uns die Lehrerinnen begleitend zur Seite. Auch die Räumlichkeiten und Materialien waren ansprechend, sehr geeignet und neu für die Kinder.

Unser inhaltliches Rahmenkonzept, den gesamten Workshop in die Thematik von Zauberwald und Zauberwesen zu kleiden, schuf eine besondere Atmosphäre und ermöglichte den Kindern immer wieder unerwartete Momente, wodurch ein Spannungsbogen entstand, sie neugierig wurden und in ihrer Motivation den gesamten Workshop über kaum einmal nachließen.

Hierfür noch ein besonderes Beispiel: Die Kinder zogen nach der Pause singend in den vorbereiteten Zauberwald, in dem überall Instrumente versteckt lagen. Diese waren aber erst später interessant, denn hinter dem Vorhang versteckte sich der verkleidete Zauberer, der, wenn die Kollegin am Lied-Ende den Gong anschlug, mit einem eigenen, oft unerwarteten Klang antwortete. Die Kollegin griff den Klang spontan auf und begann, laut zu überlegen, was das wohl zu bedeuten habe. War es ein sanfter, freundlicher Klang? War er laut oder schrill? Die Kinder versuchten jeden Tag aufs Neue, gemeinsam mit ihr, die jeweiligen Geräusche und Klänge, die im Zauberwald zu hören waren, zu interpretieren: ist der Zauberer heute gut gelaunt? Haben wir ihn verärgert? Sollen wir noch einmal singen und wenn ja, wie? Wird er sich gleich zeigen? Solche Momente des spontanen Weiterentwickelns von Ideen wurden von allen Beteiligten als besonders befriedigend erlebt.

Soziale Kompetenzen

Durch die Erkenntnisse der Säuglingsforschung weiß man heute, dass ein Baby bereits zur Geburt die perzeptiven und imitativen Anlagen mitbringt, die es ihm ermöglichen, mit seiner Umwelt und seinen Mitmenschen in Beziehung zu treten (D. Stern 1992). Dennoch ist die Entwicklung der Beziehungsfähigkeit, also der Fähigkeit, soziale Kontakte aufzubauen und zu pflegen, Sozialkompetenzen zu erwerben, ein langer Weg. Er setzt die Entwicklung von Selbstempfinden voraus, was bedeutet, dass man sich im Unterschied zum Anderen, in Abgrenzung zum Gegenüber erlebt.

Um die eigenen Grenzen zu spüren, braucht es die Grenzen des Anderen. Beispielsweise entwickelt sich ein gesundes Körpergefühl durch klaren, Halt gebenden Körperkontakt in der frühen Kindheit. Auch ist Bewegung diesbezüglich sehr wichtig. Das Anstoßen an und Berühren von unterschiedlichen Gegenständen, das Trampeln auf dem Boden u.v.a.m. hilft Kindern, sich besser zu spüren und so ihr Körperselbst auszubilden (D. Stern 1992) .

In der Klasse gab es z.B. einen Jungen, etwa 6 Jahre alt, der beim Begrüßen ununterbrochen von einem auf den anderen Fuß „tanzte", sich um sich selbst drehte, mit den Armen wirbelte und sich mit seinem Bewegungsdrang etwas abseits der Gruppe stellte. Er war jedoch ganz interessiert beim Thema dabei und beteiligte sich durch Antworten. Die Kollegin ließ ihn gewähren, denn seine Kreativität brauchte deutlich den körperlichen Schwung.

Das viele Plappern in diesem Alter kann auch einmal unter dem Aspekt des Sich-Bewegen-Müssens angeschaut werden. Wenn man diesen berücksichtigt, fällt es leichter, zwischendurch einen Plappergeräuschpegel zuzulassen, zumindest wenn deutlich wird, dass die Kinder trotzdem bei der Sache sind. Natürlich muss auch zwischendurch ganz für Ruhe gesorgt werden, damit das Erlebnis der Stille möglich wird.

In der fortschreitenden Entwicklung eines Kindes kann sich die eigene freie Meinung auch nur durch Anstöße anderer und in Konfrontation mit Meinungen anderer bilden. So wird deutlich, dass die Entwicklung des eigenen Selbst als Voraussetzung für Sozialkompetenz immer auch einen Struktur gebenden Rahmen benötigt und sich nur in Beziehung zu anderen Menschen vollzieht.

Aus diesem Grund sahen wir die klare zeitliche Einteilung mit ausgiebigen Bewegungsteilen und den Wechsel zwischen strukturierten, abgrenzenden und freilassenden Teilen als notwendig und sehr gelungen an. Die Frage, wie viel Abgrenzung und Struktur und wie viel Freiheitsmomente gut sind und in wieweit dies individuell verschieden ist, wird in einem weiteren Abschnitt behandelt.

In dieser JüL-Klasse, in der die Altersspanne von 5,5 bis 8 Jahre ging, waren nicht nur altersbedingt die Voraussetzungen zu sozialem Lernen sehr unterschiedlich. Wir haben uns gefragt, ob und wie wir dieser Tatsache gerecht wurden, die Einen nicht zu überfordern, die Anderen nicht zu unterfordern.

Beispielsweise gab es zwei Mädchen fast gleichen Alters. Die eine sprudelte über vor Ideen, hatte keinerlei Hemmungen, diese zu äußern und brachte viel Schwung und Freude in die Gruppe. Sie hatte es schwer, sich zurückzuhalten, um auch anderen Kindern die Chance zu geben, sich einzubringen. So mussten wir sie immer wieder bremsen, versuchten dies aber so, dass sie dennoch die Motivation nicht verlor. Die andere wirkte anfangs schüchtern, aber auch irgendwie blockiert. Sie zog sich teilweise aus dem Gruppengeschehen heraus, beobachtete von außen und weigerte sich bei Aufforderung, mitzumachen. Dennoch schien es, als wolle sie im Mittelpunkt stehen. Sie versuchte dies auf die entgegengesetzte Art und Weise wie das erste Mädchen. In scheinbar unbeobachteten Momenten konnte sie auch plötzlich ganz übermütig werden.

Unser vielseitiges Programm und die recht offenen Spielideen boten für jede Altersstufe etwas und konnten auch gegensätzliche Bedürfnisse im Großen und Ganzen befriedigen. Wir ließen auch viel Freiräume zur eigenen Mitgestaltung, sodass jedes Kind seinen Platz finden konnte. Über die Tatsache, wie selbst die Älteren sich noch auf die Thematik „Zauberwald" einlassen und in ihr aufgehen konnten, waren wir sehr positiv überrascht.

Dennoch fragen wir uns generell, in welchem Alter es angemessen ist, Kinder über soziale oder musikalische Abläufe zu befragen, d.h. sie auf ihre Distanzierungs- und Selbstreflexionsfähigkeit anzusprechen. Hier gehen unsere Meinungen auseinander. Es wäre sicherlich spannend zu untersuchen, in wieweit es Sinn macht, mit kleineren Kindern über die gerade selbst gespielte Musik zu reden, oder sie ihnen beispielsweise von Band vorzuspielen. Hilft dies Sozialkompetenz zu fördern? Oder stört dies dann die natürliche Fähigkeit, ganz in das musikalische Element einzutauchen und sich zu vergessen? Ab welchem Alter ist ein solches Bewusstmachen von klanglichen und sozialen Abläufen angesagt? Ist das in einer altersgemischten Klasse überhaupt möglich? Wären vielleicht die 8-Jährigen in der Lage gewesen?

Auch die Frage, wann es beginnt, dass Kinder in ein gemeinsames, waches Gestalten kommen können, also an einem eigenen, bewussten Ausdruck arbeiten, was selbst Erwachsenen noch schwer fällt, hat uns begleitet. In unseren Improvisationsteilen sind auch vielfach die Drittklässler einfach in den Klangrausch des eigenen Instrumentes abgetaucht ohne auf die anderen zu hören. Aufgrund der natürlichen Imitationsfähigkeit von Kindern, boten wir deshalb Gestaltungshilfen in Form von Bildern oder Wesen an, die die Kinder imitieren konnten, z.B. die Zauberwesen, der Elefant, der Zauberwald. (s. Abschnitt Lust am klanglichen und gestischen Ausdruck).

Aufeinander hören - sich aufeinander einschwingen - sich gegenseitig akzeptieren

Gleich zu Beginn wurde ein Klima von Neugier und Interesse für einander geschaffen. Fragen wie „Wisst ihr noch, wie ich heiße? Es beginnt mit … " „Was ist ein Exploratorium? Da werden Experimente gemacht." trugen dazu bei, dass die Kinder aufmerksam und neugierig wurden.

In der Kennenlern-Runde, wenn die Kinder in „Zauberlehrlinge" verwandelt wurden und jeder einen eigenen Klang aus der Trommel oder wie am zweiten Tag mit seinem Körper, mit seinem Mund zaubern sollte, war es mucksmäuschenstill und die Kinder hörten auf die manchmal kaum hörbaren Geräusche der anderen. Sie waren so dabei, dass sie noch eine und noch eine Runde machen wollten. Die gewünschte zweite Runde wurde zwar erstaunlich gut durchgehalten. Die Kinder waren aber am Ende doch ermüdet. Hier ist Vorsicht geboten. Einerseits kann es enttäuschen, wenn man nicht auf die Wünsche der Kinder eingeht. Andererseits kann eine Wiederholung so ermüden, dass man sich die Motivation der Kinder verscherzt. Dies ist sicher auch eine Frage der Altersstufe.

Gleich am zweiten Tag schloss sich an die Kennenlernrunde ein kleines „Geräusch-Konzert" (Körperpercussion) an. Obwohl jedes Kind noch sehr stark mit der Produktion des eigenen Geräusches, das es in der Vorstellungsrunde erfunden hatte, beschäftigt war, wurden erste Ansätze eines sich aufeinander Einschwingens und sich gegenseitig Wahrnehmens deutlich.

Dies steigerte sich im Anschluss mit Instrumenten in der Zauberwaldszene „an der Tränke": Alle Kinder saßen um ein blaues Tuch herum, nachdem sie ihr Instrument aus den Verstecken im mit Leitern, Stühlen und Tüchern aufgebauten Zauberwald geholt hatten. Nach zwei einführenden Spielanweisungen gab es ein kleines gemeinsames und freies „Gespräch" zwischen den Zauberwesen, die um die Tränke herum saßen.

Die Kinder, insbesondere die Kleinen, waren z.T. noch nicht in der Lage, sich klanglich bewusst auszudrücken, sondern eher mit der Klangerzeugung beschäftigt. Manche tauchten aber in die Klangwelt ihres Instrumentes und das, was um sie herum tönte, vollkommen ein. Im Gespräch unter uns Kolleginnen stellte sich die Frage, ob das Kind in diesen Momenten unaufmerksam war, oder ob es so mit der Sache verbunden war, dass es die Gruppe nicht mehr bemerkte.

Einige Drittklässler hatten zu der freien Improvisation an der Tränke bereits einen bewussteren Zugang. Bemerkenswert, dass sich ein Drittklässler bei einer späteren Befragung in der Schule dahingehend äußerte, dass genau das mit den Instrumenten an der Tränke ihm am besten gefallen habe, weil „wir da mit den Instrumenten Geschichten erzählt haben".

Die Aufmerksamkeit füreinander wurde aber auch in den Bewegungsteilen deutlich. Die Aufgaben z.B. „wenn die Musik aufhört, sollen alle Kinder mit hellen Haaren auf die eine Raumseite, alle Dunkelhaarigen auf die andere rennen", hatte zur Folge, dass sich die Kinder genauer betrachteten.

Das einander Akzeptieren konnte beim Aki-Ma-Taki-Kreistanz geübt werden. Hier stand die Selbstbestimmung im Dienst klarer vorgegebener rhythmischer und formaler Strukturen. Man kann sagen, es „hatte nichts mit Improvisation zu tun". Es war aber ein Rahmen gebendes Element, das die Kinder nach aller „Zauberei" nach allem freien Erfinden und freiem Bewegen wieder sammeln sollte. Dass gerade mit diesem Tanz auf spielerische Weise soziales Miteinander, gegenseitiges Akzeptieren möglich wurde, ist uns erst während des Workshops deutlich geworden. Ein Innen- und ein Außenkreis brachten jeweils zwei Kinder dazu, sich gegenüber zu stehen und sich gegenseitig in die Hände zu klatschen (s.o.). Mit einem letzten Sprung am Ende des Tanzes („hei") bewegte sich der äußere Kreis nach rechts, so dass jedes Kind vor einem neuen Partner zu stehen kam. Bei manchen Paaren mussten deutlich Antipathien überwunden werden. Der lustige Liedtext und die motivierte Grundstimmung ließ die Kinder aber Einzelemotionen vergessen. Außerdem waren die Paarsequenzen recht kurz und somit gut zu „überstehen". Deutlich wurde, dass der gemeinsame Tanz das war, was Spaß machte, da kam es auf kleine einzelne Unannehmlichkeiten nicht an.

Die Lust am freien klanglichen und gestischen Ausdruck und die Frage, wieviel Rahmen es dafür braucht

Sowohl in den Kennenlern-Runden und im Zauberwald als auch in den Bewegungsteilen gab es Phasen, in denen sich die Kinder ganz frei aus sich heraus ausdrücken, d.h. Eigenes erfinden oder einfach drauflos spielen konnten.

Zum Beispiel ließen wir die Kinder nach dem eigenständigen Wählen der Instrumente erst einmal frei ausprobieren. Das war natürlich eher chaotisch und kein Zusammenspiel, stillte aber die Neugier am Instrument und die Lust, Krach zu machen. Meist ließ es sich anschließend konzentrierter arbeiten und auch ins Lauschen kommen.

Dies war sehr bezeichnend am zweiten Tag: Die Kinder sollten sich die Trommeln nehmen und in den Kreis setzen. Jeder, der eine Trommel vor sich hatte, spielte sofort los. Wenn man jetzt die Videoaufnahmen anschaut, wird einem deutlich, dass die Kinder differenziert verschiedene Klänge also Schlagweisen darauf ausprobierten und keineswegs zerstörerisch Krach machten. Als alle ihre Trommeln hatten, ließ die anleitende Kollegin sie nochmals gemeinsam richtig laut werden und brach dann ab, indem sie mit beiden Händen nach oben in die Luft zeigte, ein Zeichen, das wir Kolleginnen abgesprochen hatten. Es funktionierte auf Anhieb: Alle imitierten die Geste und es entstand eine Generalpause. Dieses Handhoch-Stop-Zeichen hat sich im weiteren Verlauf des Workshops sehr bewährt.

Da es in der Etage unter dem Exploratorium weitere Nachbarn gibt und der Boden in diesem Workshopraum noch nicht extra isoliert ist, mussten wir im Folgenden darauf achten, dass es nicht zu laut wurde. Das war eine Einschränkung, die deutliche Folgen in der zweiten Gruppe an diesem Tag hatte: Auch hier ließen wir die Kinder die Trommeln selbst aussuchen, mussten sie jedoch gleich bremsen und reglementieren, sie sollten die Instrumente auf Kissen stellen, damit es die Nachbarn nicht störte.

Im Video ist der Unterschied von der ersten Gruppe, die den ersten Spielimpuls ausleben konnte, und der zweiten Gruppe, die wir stärker reglementierten und dadurch ausbremsten, erstaunlich: die erste Gruppe war viel konzentrierter und disziplinierter, während die zweite Gruppe im Verlauf der Stunde immer wieder ausbrach, die Kinder weniger gut aufeinander hörten und dazwischen spielten.

In den Kennenlern-Runden wurden die Kinder dazu ermuntert, auszuprobieren, was sie z.B. mit ihrem Körper an Klängen finden. Ein Mädchen spielte mit Schnalz- und Zischlauten im Pianissimo sehr feine Motive, so dass sich alle Kinder zu ihr hin beugen mussten, um sie hören zu können. Andere hatten weniger Ideen und stampften nur einmal auf dem Boden auf. Ein Junge schlug sogar sehr heftig mit der Stirn auf den Boden, so dass wir Sorge hatten, er habe sich verletzt. Vielleicht entsprang dies einer Scham und Unsicherheit. Die anleitende Kollegin sagte ihm, dass das Aufschlagen des Kopfes auf den Boden beim Hören weh täte und dass er noch einmal versuchen sollte, einen ganz eigenen Klang zu finden, ohne den Boden zu gebrauchen. Das verunsicherte ihn erst, aber plötzlich begann er zu pfeifen.

Insgesamt hatten die Kinder in der Runde sehr viele verschiedene Körperklänge gefunden, mit denen wir anschließend ein „freies Konzert" spielten. Das Einzige, was vorgegeben wurde, war das Bild, dass wir ein Orchester sind – worunter sich die meisten etwas vorstellen konnten. Es entstanden ein Durch- und Miteinander von Kratz-, Zisch-, Schnalz-, Klatsch-, Pfeif- und Klopfgeräuschen und angeregt durch klangliche Einwürfe von uns Erwachsenen auch kommunikative Momente zwischen Einzelnen, auf die die Kinder teilweise eingehen konnten. Eigene Elemente einzubringen fiel den meisten jedoch noch schwer.

Formelemente und somit gestaltete improvisatorische Motive konnten die Kinder dann im Zauberwald an der Tränke mit Hilfe von uns vorgegebenen Bildern einbringen. Wie schon anfangs erwähnt, war das Hauptbild die Zauberwesen aus dem Zauberwald, die in Gestalt verschieden klingender Instrumente (Streichen, Zupfen, Blasen, Schlagen, Rasseln, Donnern) um eine Tränke (blaues Tuch) saßen und „sich unterhielten". Die anleitende Kollegin machte die Kinder auf die Klänge der verschiedenen Materialien aufmerksam. Eine Improvisation folgte, bei der die Instrumente gleicher oder ähnlich klingender Materialien zusammen spielten, bzw. „sich unterhielten". Am nächsten Tag wurden die Klänge bezüglich ihres Charakters befragt, d.h. welches Instrument hat einen Klang, der wütend sein kann? Welches klingt eher fröhlich, welches liebevoll und zart? Es folgte eine Improvisation, in der mit diesen Charakteren im Wechsel gespielt wurde.

Die weitere Entwicklung war, dass wir daraus eine Geschichte formten: die Zauberwesen schlafen, es knackt im Wald, der Wind geht (Mundgeräusche). Dann erwachen sie, unterhalten sich, spielen miteinander. Dann kommt ein Sturm auf, ein Gewitter, der Regen rauscht, die Zauberwesen verstecken sich in ihren Höhlen, bis das Unwetter vorbei ist. Anschließend kommen sie wieder heraus, freuen sich und tanzen (alles instrumental).

Es war eine Herausforderung zu erspüren, inwieweit man die Kinder anleiten musste, da sie noch nicht so gut in der Lage waren aufeinander zu hören, und wann es möglich war, ihnen die Verantwortung für die Gestaltung der Klanggeschichte zu übertragen.

Im Verlauf der Woche konnten wir erleben, dass es für die Kinder hilfreich war, wenn wir mehr mit Stimmungen arbeiteten, d.h. über Begriffe wie „friedlich" oder Bilder wie „Morgenstimmung" und „Streit" zu versuchen, die Kinder in eine Atmosphäre eintauchen zu lassen. Dazu fragten wir sie, was für sie beispielsweise Nacht bedeutet, und kamen so miteinander ins Gespräch und ins Fühlen, anstatt eine Geschichte mit zu vielen Vorgaben anzubieten.

Die Entwicklung in diesem Teil des Workshops, der für die verschiedenen Klänge sensibilisieren sollte und in dem die Kinder lernen konnten, dass verschiedene Klänge zusammen passen, andere weniger, und dass damit eine Geschichte erfunden werden kann, ging vom neugierig und eher unbewusst und ungeordnet Drauflosspielen über das Einbringen von Struktur durch Bilder zu einer geformten Abfolge. Also vom Freieren zum Vorgegebenen.

Den Schritt, von klaren vorstellbaren Bildern, die den Kindern halfen, sich in einer Form zurecht zu finden, wieder zu einer Improvisation ohne Vorgaben zu kommen, konnten wir aus Zeitgründen leider nicht mehr gehen.

Die Lust am freien Ausdruck zeigten die Kinder in den Bewegungsphasen am stärksten. Aufgabe war, sich zur Musik frei zu bewegen (s.o.). Später sollten sie sich in entsprechende Zauberwesen verwandeln. Die Kinder hatten viele Ideen und konnten diese z.T. auch präsentieren, was ihnen großen Spaß machte.

Diese Tatsache kann heißen, dass die Kinder in diesem Alter noch sehr viel mehr in der Bewegung zuhause sind und aus dem Gewohnten heraus freier kreativ sein können. Freies Umgehen mit verschiedenen Ausdrucksformen setzt also eine gewisse Sicherheit voraus. Diese entsteht entweder durch Wiederholung, also Gewohnheit oder durch klare Vorgaben. Beides birgt die Gefahr, dass der Rahmen, die Form, das freie Spiel einschränkt. Zum Anderen ist die Verunsicherung durch Unklarheit oder gar keine Vorgaben eine ebenso einschränkende Gefahr.

Es war sehr gut, dass wir die Bewegungsteile eingeplant hatten und an diesen auch nichts gekürzt haben. Es war etwas, das die Kinder kannten, wo sie sich sicher fühlten und wo sie sich ohne nachzudenken frei tummeln und auf ihre Art und Weise ausdrücken konnten. Es ermöglichte in den anderen Teilen, die für sie eher neu waren, die Möglichkeit, sich auf Unbekanntes einzulassen.

Die Instrumente

Instrumente haben immer einen sehr hohen Aufforderungscharakter, sowohl bei Kindern als auch bei Erwachsenen. Die Frage, welche Instrumente wir den Kindern anbieten, wie wir sie einführen, ob und welche Regeln im Umgang mit den Instrumenten durchgesetzt und welche Konsequenzen es bei Nichteinhalten geben soll, war in unserer Vorbereitung unter anderem auch ein Thema. Es begleitete uns durch die Woche.

Sollen die Kinder eher einfache Instrumente bekommen, die nicht leicht kaputt gehen? Soll man ihnen die Spielweisen vorher erklären, oder sollen sie durch das eigene Experimentieren entdecken, wie die Instrumente zu spielen sind? Können Kinder mit wertvollen Instrumenten umgehen? Welche Ängste sind bei uns Erwachsenen diesbezüglich?

Wir hatten verschiedene Sichtweisen, einigten uns aber darauf, dass wir eine möglichst große Bandbreite von Instrumenten, auch wenn sie größerer Vorsicht im Umgang bedürfen, anbieten, damit die Kinder die Möglichkeit haben, verschiedenste Klangcharaktere kennen zu lernen. Nach dem Austeilen durften die Kinder immer erst einmal drauf experimentieren, um ihre Neugier zu befriedigen. Nach kurzem Klangchaos führten wir dann unser „Stille-Zeichen" aus: alle legten die Hände auf den Kopf.

Wir boten von allen Spielarten Instrumente an: Blasen, Zupfen, Schlagen, Rasseln, hatten aber nur ein Streichinstrument zur Verfügung. Dessen Aufforderungscharakter war besonders hoch. Jeder wollte darauf spielen. Dies lenkte so vom eigentlichen Prozess ab, dass wir das Instrument am dritten Tag, nachdem es jeder einmal ausprobiert hatte, aussortierten. Außerdem halfen wir uns in Momenten, in denen sich die Kinder um ein Instrument stritten, damit, dass der Zauberer entschied, welches Instrument ein Kind bekommen sollte.

Wäre mehr Zeit zur Verfügung gewesen, hätten wir mehr Klangrunden machen können. Dann hätten die Kinder mehr Instrumente ausprobieren können und es hätte nicht so viel Gerangel um bestimmte Instrumente gegeben.

Einige Besonderheiten

Bei einigen Kindern gab es Auffälligkeiten, die wir in dieser kurzen Zeit nur konstatieren konnten. Wir versuchten, diese zu berücksichtigen, was aber nur begrenzt möglich war. Beispielsweise wirkte ein Kind sehr erwachsen für sein Alter, übernahm viel Verantwortung und war eher ernst. Ein anderes Kind schien seltsam blockiert, und es bestand die Gefahr der Ausgrenzung innerhalb der Gruppe. Ein weiteres Kind fiel auf, weil es am ersten Tag sehr motiviert und engagiert war, sich im weiteren Verlauf aber still verhielt und bedrückt wirkte.

Fragen im kollegialen Austausch

Es gab zwischen uns Kolleginnen unterschiedliche Auffassungen, wie viel Regeln, wie viel Struktur notwendig wären. Da wir die Aufgaben unter uns sehr genau aufgeteilt hatten und jede für einen anderen Teil des Workshops verantwortlich war und darin die Leitung übernahm, konnten sich die Kinder dennoch gut orientieren. Außerdem tauschten wir uns täglich aus und konnten durch die Möglichkeit, konstruktive Kritik zu äußern und anzunehmen, viel voneinander lernen.

Konsens war, dass Regeln und Ansagen knapp, klar und deutlich sein müssen, was natürlich nicht immer gelang. Wir stellten fest, dass es sehr schwer ist, die richtigen Worte zu finden, um nicht in die Kategorien „Richtig" und „Falsch" zu verfallen. Wir versuchten, die Ansagen möglichst positiv zu formulieren, aber doch so, dass unser Anliegen verstanden wird. Manchmal waren unsere Ansagen zu ungenau, oder enthielten zu viel Information auf einmal. Auch haben wir manchmal zu leise, zu schnell oder undeutlich gesprochen. Wir haben auch festgestellt, dass es sinnvoll sein kann, ab und zu völlige Stille von den Kindern zu fordern, damit die nötige Aufmerksamkeit wieder gegeben ist und sie sich nicht an einen Dauergeräuschpegel gewöhnen.

Eine interessante Frage kam auf: in wieweit ist es gut oder störend, Ansagen während des improvisatorischen Spiels zu machen? Ist es besser, das Spiel laufen zu lassen und nachher darüber zu sprechen? Oder soll unterbrochen werden? Hier unterschied sich unser Vorgehen. Einerseits kann es die ganze Gruppe stören, wenn die Leitende erst im Spiel sagt, jetzt werden wir lauter, jetzt werden wir leiser. Andererseits waren – wie schon früher gesagt – die Kinder oftmals so in ihr Instrument vertieft, dass sie vergessen hatten, was vorher ausgemacht worden war.

Wir sind auf unterschiedliche Weise herangegangen. Wenn beispielsweise die ganze Gruppe im Prozess war, aber ein Kind plötzlich Probleme mit dem Instrument bekam, haben wir nicht alle aufgehalten, sondern versucht, das Problem leise flüsternd zu beheben. Hier muss man sicherlich im Einzelfall intuitiv entscheiden.

Wenn ein musikalischer Ablauf wie z.B. die Geschichte an der Tränke, vorher abgesprochen wird, kann es dennoch sein, dass manche Kinder nicht in der Lage sind, diesen über die ganze Dauer des Spieles zu behalten. Die anleitende Kollegin hat deshalb leise in den Ablauf hinein gesprochen. Das war wie die synchrone Vertonung einer Erzählung. Die unterschiedlichen Vorgehensweisen können unterschiedliche Erfahrungen bei den Kindern hervorrufen. Deshalb hat jede ihre Berechtigung.

Wir drei Kolleginnen kommen aus unterschiedlichen Berufszweigen: der Musikpädagogik und der Musiktherapie. Dies wurde deutlich in unserer verschiedenen Herangehensweise, in unserer Sicht der Dinge, und insbesondere in dem, wie wir das Verhalten der Kinder interpretierten. Aus der Musiktherapie kommend wird in erster Linie auf das geschaut, was aus den Kindern selbst kommt. Dies wird versucht, in Form eines Spieles aufzugreifen oder einzubauen. Vom Pädagogischen kommend werden eher bestimmte Angaben gemacht, Spiele ausgewählt und angeleitet.

Wir haben viel über diese unterschiedlichen Ansätze gesprochen und voneinander gelernt. Jeder Ansatz hat in einem entsprechenden Moment seinen Sinn und es kommt darauf an, was gerade das Ziel ist, was erreicht werden soll.

Fazit

In dem Rahmen, der uns zeitlich zur Verfügung stand, konnte diese Woche nur ein erster Impulsgeber für Kinder und Lehrerinnen sein. Der Workshop sollte dazu anregen, einige Inhalte später in der Schule fortzuführen und weiterzuentwickeln. Dies geschah auch, indem die Kinder z.B. alle ein Bild von Zauberwesen malten, darüber sprachen, einige der Tänze weiterführten u.a.

In den instrumentalen, improvisatorischen Teilen konnten erste Anstöße gegeben werden. Im Rahmen eines Unterrichts im normalen Schulalltag ist es aber nicht denkbar, ein solches Vorgehen zu integrieren. Wichtig wäre somit, in einer ähnlich konzipierten Fortsetzung den Kindern die Grundlage zu geben, sich mit den vielseitigen Klängen weiter auseinanderzusetzen, daran zu üben und bestimmte Themen zu vertiefen. Dies würde zur Folge haben, dass sie sich so sicher fühlen, dass sie zu wirklich freiem Ausdruck und kommunikativem Erleben kommen können.

Die Anregungen und Ideen, die in dieser Woche immer wieder von Kindern eingebracht wurden, kamen z.T. zeitversetzt oder nicht passend zur aktuell gestellten Frage und konnten deshalb in dem Moment nicht aufgegriffen werden. In einem Workshopangebot mit Fortsetzungen könnte intensiver mit solchen Kinderideen gearbeitet werden. Dies würde noch mehr Möglichkeiten schaffen, die Kinder zur eigenen Gestaltung anzuregen und so sehr viel nachhaltiger ihr Verantwortungsgefühl, ihren Selbstwert und ihre kreativen Fähigkeiten fördern.

Karin Meesmann:

Improvisierte Klangbilder: *Ohr aufs Herz*

Kooperationspartner: 10. Integrierte Sekundarschule Bergmannstraße
                         (Kreuzberg) mit Klassen- und Arena-Lehrerinnen
                         Patricia Book und Teresa Blahy
Jugendliche: 12 – 17 SchülerInnen, (7./8.-Klässler, 12 – 14-jährig)
                         der Arena Musik
Workshopleiter: Karin Meesmann, Susanne Köszeghy
Dauer: Vier Workshop-Module (Di-Mi-Do), jeweils 8 – 12 h
                         im September, Dezember, Februar und Mai
Gruppenaufteilung: Plenum und Kleingruppen-Arbeit
Unterrichtsort: exploratorium berlin
Präsentation: Abschlusspräsentation für Eltern am 12. Mai 2012

Lernziel und Grundidee: Der Workshop war ein Angebot an die SchülerInnen der Arena Bühne-Musik, ganz neue musikalische Erfahrungen zu machen. Er richtete sich primär an Jugendliche, die kein eigenes Instrument spielen und in der selbst gewählten Arena an Musik herangeführt werden. Das kreative Arbeiten mit elementarem Instrumentarium ermöglicht

-   musikalische Erfahrungen und Sensibilisierung,
-   musisches Be-Greifen, Selbstvergewisserung und damit Selbstbewusstsein auf dem Weg zum eigenen Ausdruck
-   und entwickelt zugleich für das Musizieren notwendige soziale Fähigkeiten

Improvisierte Klangbilder: Ohr aufs Herz hieß der Workshop der Arena Musik der 10. Integrierten Sekundarschule Bergmannstrasse in Berlin Kreuzberg. Drei aufeinanderfolgende Tage (Di-Mi-Do), mit je vier Stunden vormittags von 8 – 12 h bildeten ein Workshop-Modul. Vier Workshop-Module, eines pro Quartal, stellten den gesamten Workshop in der *Arena Musik* im Schuljahr 2011/12 dar.
Der letzte Workshop mit Generalprobe fand im Mai 2012 statt. Zwei Tage später führten alle siebzehn 12- bis 14-jährigen Schülerinnen und Schüler (SchülerInnen) ihr

1 ½ Stunden Programm auf. Ein glücklich erfolgreicher Abschluss vor etwa 75 Zuhörern und Schauern: Eltern, Geschwister, Freunde, Gäste und die anwesende Schulleiterin applaudierten den meist gelungenen musikalischen Improvisationen der SchülerInnen anhaltend. Das wichtige *Fußball-Länderspiel* und die *türkische Hochzeit der Cousine* blieben an diesem frühen Abend zweitrangig!

I. Im Vorfeld: Vorgaben der Zusammenarbeit

Die Ferdinand-Freiligrath-Hauptschule in Kreuzberg suchte Kooperationspartner im *exploratorium berlin* für das Fach Musik, da im Kollegium kein ausgebildeter Schulmusiker arbeitete. Zu diesem Zeitpunkt planten die Lehrer ein Musical-Projekt, *Romeo und Julia* vor christlich-muslimen Hintergrund. Text und Musik der Aufführung sollten die Schüler selbst entwickeln. Dies Projekt war mit Beginn des Schuljahrs 2011/12 allerdings verworfen.

In einem Vorgespräch im April 2011 entwickelte sich die Idee, über einen Workshop in musikalischer Gruppen-Improvisation etwa 12 SchülerInnen der Arena Bühne-Musik, die kein Instrument spielen, zum eigenen Musizieren zu befähigen. Es bestand der Wunsch, über die Ergebnisse der Workshops diese SchülerInnen in die Aufführung des Musicals sinnvoll einzubinden.

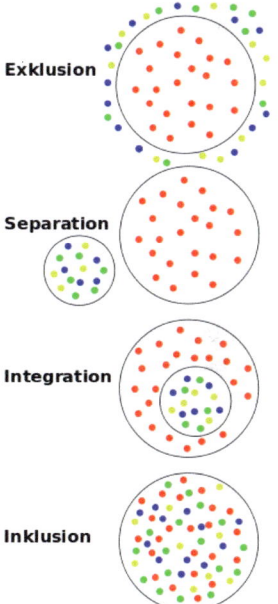

Die Ferdinand-Freiligrath-Schule versteht sich seit den 90er Jahren als „Schule im gesellschaftlichen Verbund". Hieraus resultieren das für unseren Workshop relevante **Lernprinzip Arena-Modell** nach reformpädagogischen Ansätzen von Peter Petersen und Maria Montessori[15] und das Anliegen inklusiven Lernens.[16]

Das Unterrichts-Modell der Arena Bühne-Musik umfasst Jahrgangs- und Klassenübergreifendes Lernen und Erleben von der 7. bis zur 10. Klasse für die Sekundarstufe I. Ver-

---

[15] Weiteren sehr aufschlussreichen lern- und lebens-praktischen Projekten, wie z.B. *Kultur in die Schule* / Kids und das *Chancenmacher-Projekt* in Kooperation mit der Humboldt Universität Berlin sind auf der Homepage der Schule www.ferdinand-freiligrath-schule.de nachzuspüren.

[16] Neben Exklusion, Separation, Integration fordern manche Schulen wieder inklusives Lernen. Inklusion meint ebenso den Rechtsanspruch Behinderter auf den wohnortnahen Besuch einer Regelschule, den einige Bundesländer per Gesetz verabschiedet haben.
Abbildung: http://upload.wikimedia.org/wikipedia/commons/8/86/Stufen_Schulischer_Integration.svg

gleichbar der offenen Eingangsstufe an Grundschulen, als jahrgangsübergreifendes Lernen der 1.-3. Klasse, heute in Berlin als JüL-Klasse bekannt. Im Lernprinzip Arena vereinen sich gelebte Integration, soziale Kompetenz, Jahrgangs-, bzw. altersgemischtes Lernen mit neuer Verteilung der Rollen lehrend – lernend. Ein offener Unterrichtsanfang, der Zeit und Raum für Gespräche bietet, trägt gegebenenfalls dazu bei, Schule als Ort „sozialen Rückhalts" zu empfinden.

Die **ethnische Heterogenität** in Berlin Kreuzberg bewegt sich unter den 6- bis 15-Jährigen um 85%. Unser Workshop hatte einen Migrationsanteil von 92%. Etwa vierundzwanzig 12- bis 16-Jährige wählten im Schuljahr 2011/12 aus dem Angebot der Fächer Handwerk, Gastronomie, Medien, Technik, Stadion u.a.m. die Musik freiwillig selbst aus. Die Arena Bühne-Musik leiteten nun Patricia Book und Theresa Blahy. Gemäß dem zweigliedrigen Berliner Schulmodell fusionierte zum Schuljahr 2011/12 die Borsig-Oberschule/Realschule mit der Ferdinand-Freiligrath-Schule/Hauptschule zur 10. Integrierten Sekundarschule Bergmannstrasse, der 10. ISS. Eine Herausforderung, die mit Schulbeginn bewältigt sein wollte.

Das Besondere an diesem Lernen nach dem Arena-Modell heißt: **Schule = Schüler + Lehrer + Dritte**. Das heißt, qualifizierte *Dritte* erweitern das Unterrichtsgeschehen, bringen ihre Fachkompetenz und neue Perspektiven ein, die beiläufig übernommene Strukturen überdenken lassen. Aus dem Blickwinkel der Schulleitung kommt dies etwa einer integrierten „Lehrerfortbildung" nahe: Die „kontinuierliche und zugleich flexible Integration von *Dritten* im Schulalltag wirkt als „konstruktiver Störfaktor". Dies sichert für Schüler und Lehrer ein Lern- und Erfahrungsfeld, das die Ernsthaftigkeit und Authentizität des wirklichen Lebens in die künstliche Schulsituation holt."[17]

Neben dem ständigen *Dritten*, einem Gitarristen, fungierten in diesem Schuljahr als zusätzliche *Dritte* Susanne Köszeghy, Blockflötistin und ich – Flötistin. Als erprobtes Team mit unseren Schwerpunkten Neue Musik und experimentelle Musik der Gegenwart hofften wir, das musikalische Spektrum zu erweitern.

Wir waren uns alle einig: der Workshop sollte in dem Licht durchfluteten und weitläufigen **Raum im exploratorium berlin** stattfinden. Die **besondere Sammlung von Instrumenten**: vielfältiges Ethno-Instrumentarium, jede Menge Trommeln aus verschiedenen Kulturkreisen, gewöhnliche Alltagsgegenstände wie Plastikflaschen, Tischtennisbälle, Metallschüsseln etc., klingende Küchengeräte und ein kleiner Bestand an Orff-Instrumenten, ließen an Ausstattung keine Wünsche offen. Eine

---

[17] siehe www.ferdinand-freiligrath-schule.de, Zugriff Januar 2012

Exkursion der SchülerInnen in das exploratorium berlin, von der Schule aus etwa 15 Minuten zu Fuß, würde den **Wert des Erlebens** der SchülerInnen erhöhen und dem Workshop zu Gute kommen.

Der Projektleiter und wir Workshop-Leiterinnen vereinbarten mit den Arena-Lehrern einen Vormittag **Unterrichts-Hospitation** in der Arena Musik, um das *Prinzip Arena-Lernen* kennen zu lernen, die Unterrichts- und Schulatmosphäre mit hohem Migrationsanteil und einen Teil unserer Workshop-TeilnehmerInnen zu schnuppern. Bei unserem punktuellen Unterrichtsbesuch erlebten wir einerseits frei gehaltenen instrumentalen Gruppenunterricht. Andererseits nahmen wir teil an einer kraftvollen Percussion-Gruppe, die sich beeindruckend vielfältig und versiert im präzisen Vor- und Nachspielen kurzer rhythmischer Motive zeigte. Akut gärte am Rande der Konflikt eines Schülers, der den Regelkanon schulischer Maßnahmen herausforderte.

Uns begegnete eine multikulturelle Gruppe jugendlicher SchülerInnen: von schüchtern bis frühreif, kindlich – pubertierend – erwachsen, hilflos – vorlaut, in sich versunken – weltgewandt, von korrekt – tricky in einem jugendlich lauten direkten Mit- und Gegeneinander.
Wie wollten wir arbeiten? Wie sollten wir **offene innere Räume** erhalten? Phantasievoll kreatives Improvisieren und Musizieren verlangt freilich Konzentration und Disziplin des Einzelnen und der Gruppe. Schon um sich und andere hören zu können. Wie könnte den SchülerInnen, ihrer Phantasie und der Gruppe ein Weg geebnet werden ohne allzu eingreifende Maßnahmen, die nach unserem Verständnis ein sich Öffnen eher abwenden als gewinnen? Wie wollten oder könnten wir Achtung und das Respektieren von Regeln in der Gruppe vermitteln? Für uns lag eine große Herausforderung darin, außerhalb des notwendigen Regelkanons der Schule zu arbeiten.

Zielvorgabe und Grundidee der Projektausschreibung:
Der Workshop ist ein Angebot an SchülerInnen der Arena-Musik, musikalische Erfahrungen zu machen, und richtet sich primär an Jugendliche, die kein eigenes Instrument spielen. Im Rahmen der selbst gewählten Arena-Musik werden die Jugendlichen an Musik herangeführt. Das kreative Arbeiten mit elementarem Instrumentarium ermöglicht

- musikalische Erfahrungen und Sensibilisierung
- musisches Be-Greifen, Selbstvergewisserung und damit Selbstbewusstsein auf dem Weg zum eigenen Ausdruck und
- entwickelt zugleich für das Musizieren notwendige soziale Fähigkeiten

Die Jugendlichen dokumentieren ihre Lernschritte, Eindrücke und Klangbilder in einem individuellen Talent-Portfolio schriftlich und akustisch mittels mp3–Clip.[18]

Beide Klassenlehrerinnen kündigten an, für Disziplin während des Workshops nicht zuständig sein zu wollen. Ganz in unserem Selbstverständnis von Autonomie und Autorität vereinbarten wir: die Lehrerinnen improvisieren wohl aktiv während des Workshops mit, überlassen aber den SchülerInnen den Vortritt. Nur nach ausdrücklicher Bitte der Workshop-Leitung würden sie sich disziplinarisch einbringen. Der Unterricht sollte wie die Schule pünktlich um 8 h beginnen und um 12 h enden. Statt einer langen Pause erwiesen sich bald zwei variable Pausen als sinnvoller.

II. Themenfindung und Aufbau

In den Sommerferien nahmen die Vorstellungen zu den Vorgaben und Wünschen der Workshops Gestalt an. Welche Inhalte konnten wie aufbereitet werden? Musikalische Gruppenimprovisation als *Bühnen-Musik* sollte gegebenenfalls das darstellende Spiel im Musical, die Dialoge oder Übergänge atmosphärisch und emotional unterstützen können. Zunächst galt es eine Vorstellung der Idee musikalischer Gruppen-Improvisation und der klanglichen Möglichkeiten des Instrumentariums zu vermitteln, Interaktion der SchülerInnen über geeignete Spielregeln zu erproben und zu entwickeln. Je wählerischer und bewusster die SchülerInnen ihre Möglichkeiten erspürten und im gemeinsam gestalteten Ausdruck entfalteten, umso überzeugender würde das gemeinsame Klangbild alle motivieren. Welche Themen würden uns alle verbinden und die Alters-, kulturellen- und sozialen-Unterschiede in einer Gruppe mit fast hundertprozentigem Migrationshintergrund unbedeutend machen? Sensibilisierende Themen und Spielregeln, die über gemeinsame Assoziation verblüffend gut funktionieren, sollten die altersgemäßen Interessen pubertierender Jugendlicher aufgreifen, hofften wir. Die Auswahl der Themen lautete:

Workshop I	Landschaften – vier Elemente: Luft – Wasser – Erde – Feuer
Workshop II	Emotionen: Vielfalt und Auswahl: Wut – Angst / Freude – Trauer
Workshop III	Schattenspiel zu eigenen Themen und improvisierte Musik
Workshop IV	Theater-Musik, Vertiefen und Generalprobe für die Präsentation

---

[18] erklärte Lernziele dieses Teilprojekts

Welche Bildungs-, Berufs- und Lebens-Perspektiven entwickeln diese SchülerInnen? Laut *ZEIT-Magazin* vom August 2011: „endet für viele Jugendliche das Berufsleben, ehe es begonnen hat." Diese Erfahrung teilen viele Hauptschul-Absolventen bei der Bewerbung um einen Ausbildungsplatz in der BRD. Jugendliche aus der Schule mit Hoffnung und Perspektive in das Leben zu entlassen, dazu könnte die musikalische Gruppen-Improvisation unseres Workshops beitragen. Bildungsferne SchülerInnen stärken und ermutigen, zu ihrer *Selbstvergewisserung* beitragen, dazu sollte ebenso die Lernkultur und Arbeit mit Portfolio beitragen. Auf ein umfangreiches Portfolio ihres Talents sollten sie am Ende des Workshops mit Stolz blicken können.

III. Arbeiten mit Portfolio

Im Handbuch für Portfolioarbeit[19] fand ich ein **Talent-Portfolio** vorgestellt, das ich dem Profil unseres Workshops anpasste.[20] Die SchülerInnen sollten an ihren Fähigkeiten, Neigungen, Interessen und Vorlieben anschließen können. Über die Arbeit mit Portfolio könnten sie individuell ihre Wahrnehmung stärken, sich konzentrieren, die Inhalte des Workshops reflektieren und in eigene Worte fassen. Eigens entwickelte Arbeits- und Info-Blätter flankierten diesen Weg.

Verschiedene **Kennen-Lern-Spiele** legten über unsere Vornamen hinaus etwas von uns persönlich und unseren Fähigkeiten offen, sowohl von Seite der Workshop-Leiterinnen wie von Seiten der SchülerInnen. Über das *Wenn-ich-Millionär-wäre, würde-ich...*-Spiel phantasierten wir so ernsthaft wie heiter etwas von unseren Träumen und Wünschen – alle waren gespannt und neugierig dabei. Den Vornamen der SchülerInnen ordneten sich auf diese Weise schnell individuelle Vorlieben und persönliche Ansichten zu.[21] Gemeinsames und Verschiedenes bildeten zügig Brückenpfeiler in der Begegnung. Unbekanntes und Fremdes wich ganz natürlich einer gemeinsamen Vorstellung und einem gemeinsamen Bild, das unsere Gruppe und die musikalische Improvisation tragen sollte.

Alle, inklusive Workshop-Leiterinnen und begleitende Lehrerinnen, füllten aufgelockert die Blätter mit ihren Fähigkeiten, Interessen, Vorlieben und dem *Das-bin-*

---

[19] Ilse Brunner, Thomas Häcker, Felix Winter: Das Handbuch Portfolioarbeit, Seelze-Velber 2008. Für den Hinweis herzlichen Dank an Sonja Feldt.

[20] Beat Schelbert: Das Talentportfolio – eine Schatztruhe der Stärken. Wie Interessen und Begabung in einer Hauptschule gefördert werden. Ebd., S. 127

[21] Im Vorfeld hatten wir eine Liste mit den Vornamen der SchülerInnen erhalten. Zum ersten Workshop hattenwir die Namen gelernt. Meine Aussprache der türkischen Namen war an diesem Tag so märchenhaft, das einige sich das Lachen nicht verkneifen konnten.

ICH-Blatt im Portfolio aus. Über das Ausfüllen eines Lückentextes bildete sich die **musikalische Sozialisation** der uns bis dahin unbekannten Gruppe Jugendlicher aus der Arena-Musik ab.

Die Workshop-Leiterinnen und SchülerInnen sollten sich kennenlernen und die SchülerInnen untereinander. Die 7.-Klässler waren neu an der 10. ISS und wuchsen so in die Arena Musik hinein. *Alle Schüler-Innen sind in Berlin geboren*, also *alle sind Berliner,* hieß es. Um loslegen zu können, wollten wir zunächst etwas über den Migrations-Hintergrund erfahren, Allgemeines und Spezielles aus der Lebenswirklichkeit und den musikalischen Erfahrungen der SchülerInnen. Etwas, das ihr alltägliches Leben, ihr Verhalten und unsere Zusammenarbeit, unser gemeinsames Improvisieren im Workshop bestimmen würde.

MEIN TALENT - PORTFOLIO
Inhalt

I. Schatztruhe meiner Stärken
- Vereinbarung der Ziele
- Das bin ICH + Foto
- Meine Fähigkeiten
- Meine Interessen
- Meine Vorlieben
- „Diplome" und Auszeichnungen
- Berufs-Wahl / -Wunsch

II. Workshop
Improvisierte Klangbilder: Ohr aufs Herz
- Grundregeln des Workshops
- Lern- und Erlebnis-Tagebuch
- Kommentar und Rückmeldung
- meine Diplome

III. Dokumentation
- Klang-Tapeten
- mp3 Clip/ CD unserer Improvisationen
- Fotos

17 Schülerinnen und Schüler (11 weiblich und 6 männlich) der Jahrgänge 1996 – 1999, das heißt zwölf – bis vierzehn- (eine fünfzehn-) Jährige der 7. und 8. Klasse der Arena Musik bildeten folgende musikalisch-kulturelle Sozialisation ab:[22]

Geburtsort:
14 x Berlin, 1 x Polen, 2 x keine Antwort

Muttersprache:
Türkisch 6x, Kurdisch 2 x, Serbisch 1x, Thailändisch1x, Polnisch 1x, Albanisch 1x, Aseri (Aserbaidschan) 1x, Spanisch 1x, Togoleschi – Jamcini 1x, Deutsch 2 x

---

[22] die 9. und 10. Klasse konnte wegen des erheblichen Stundenausfalls mit Blick auf den MSA nicht teilnehmen.

Unterrichtssprache: Deutsch, *Schul-Fächer:* Englisch, Französisch

Geschwisterzahl:
durchschnittlich drei – vier, sieben 1x, keine 2x

Instrumenten-Wunsch:
Keyboard 7x, Block-/Querflöte 3x, Schlagzeug/Trommel 2x, Beatboxen 1x

live Konzerterlebnis:
Vogler-Quartett /Berlin 4x (bei Schulexkursion), beeindruckt durch Musiker,
Instrument oder wenn Musik spannend wird

Die Arena-Musik habe ich gewählt, weil ich:
Musik sehr mag 4x, mehr wissen will 1x, zufällig 1x, mehr Instrumente lenen
will 3x, gerne Musik machen will, gerne tanze und Instrumente spiele, es mir
sehr Spaß macht, ich Schlagzeug spielen möchte, mich nur Musik interessiert,
es interessant war und ich im Fach Musik eine Zwei hatte, Musik inspiriert,
keine Antwort

Musikalische Vorbilder:
Rap und Beatboxing: gefällt 6x, nicht 4x, keine Antwort 6x
Bruno Mars, Shakira, Big Bang (Korea), Murat Boz, Usher – (amerikanischer
Rapper), Apa Gun –türk/dt. Rapper, Orhan Gencebay (türk. Folklore *1940),
viele Lieblingssänger: Justin Biber, Big Time Rush, Jaso Jernlo, Selena
Gomez (20-jährige Sängerin), Michael Jackson, Rihanna, Klassik (jedoch
durchgestrichen)

Musizieren / Musik bedeutet mir:
vieles, beruhigt mich, gibt mir ein gutes Gefühl, Entspannung, Ausruhen und
mein Leben, Fun, was Besonderes, Spaß haben, kein Kommentar

Mit Beginn unserer musikalischen Gruppen-Improvisation verkündeten wir: ***Sprechen oder Spielen*** als Grundsatz unseres Workshops, eine unbedingte Forderung Lilli Friedemanns[23]. Ein gerichtetes *HÖREN* wird dadurch unausgesprochen in den Raum gestellt, das der Improvisation selbstverständlich Spannung, Konzentration und etwas Magisches verleiht. Nach dem ersten

Sprechen oder Spielen
1. aus der Stille in die Stille
2. dem Leisen Raum geben
3. über Klang beeinflussen
4. Pausen sind beliebt

---

[23] Lilli Friedemann (1906 – 1991), Geigerin und Pionierin auf dem Gebiet der Vermittlung
musikalischer Improvisation an Menschen unterschiedlichen Alters und unterschiedlicher Vorbildung.

gemeinsamen Improvisieren entwickelten sich aus Fragen nach der Wahrnehmung schnell vier *Grundregeln*. Diese formulierten wir gemeinsam und schrieben sie in das Portfolio und auf ein großes Plakat, um jederzeit wortlos daran erinnern zu können. Bei allen vier Workshops hing das *Regel-Plakat* an der Wand und prägte sich den SchülerInnen gut ein. Das improvisierte Klangbild aus der Stille zu beginnen und über Stille zu einem Schluss zu führen ist eine spannende Aufgabe an und für sich! *Aus der Stille in die Stille* wurde zum geflügelten Wort unter den SchülerInnen.

Stille und das Bewahren körperlichen Stillhaltens irritierte und verunsicherte manche, sofern sie den Lautstärkepegel einer Großfamilie gewöhnt sind und natürlich gerne unmittelbar größeren Bewegungsimpulsen nachkommen. Stille ist jedoch oft eine notwendige Ausgangsbasis für die Konzentration des Einzelnen und für das Spiel in der Gruppe. Stille vermittelt die erwünschte Aufmerksamkeit als Voraussetzung für das Hören und im offenen Beginn einer Gruppen-Improvisation. Einerseits ist es ein In-sich-hinein-Hören, andererseits braucht es offene Ohren, um auf Impulse anderer reagieren zu können. Diese Stille verinnerlichten die SchülerInnen im Lauf der Workshops immer besser.
Es liegt in der Natur pubertierender Jugendlicher, dass der Spaß an Neuem, der Eifer im Spiel und wichtige außermusikalische Dinge, nämlich zu flirten bis sich die Balken biegen (!), die Gruppe alles *Geregelte* oft vergessen ließ. Zwei der SchülerInnen waren in ihren persönlichen Lern-Handicaps, zu einer praktischen Einhaltung von Regeln und Absprachen nur kurzzeitig fähig. Dies äußerte sich in häufig störender Eigeninitiative und ständig lauten Mitteilungen an andere. Ihre Orientierungslosigkeit lenkte andere vom Geschehen ab und verlangte gelegentlich eine 1:1 Betreuung. Es bedurfte großer Anstrengung, einiger Geduld und Geschick, diese SchülerInnen mit Rücksicht auf die Gruppe und den musikalische Prozess *in Schach* zu halten.

Ein **Lern- und Erlebnis-Tagebuch** wurde für die Inhalte unseres Workshops konzipiert und dem Portfolio beigefügt:

1. Über **Info-Blätter** und **Arbeits-Blätter** wurden die Themen vorbereitet und gegliedert oder Gelerntes wiederholt und reflektiert. Dies bereicherte qualitativ und quantitativ **individuelle Beiträge** und **Rückmeldungen** im offenen Gesprächskreis des Workshops, führte zu Fragen und löste Nachdenken aus.

2. Aufgaben, die in Absprache mit den kooperierenden Klassen-Lehrerinnen der Schule bearbeitet werden könnten, sollten als **Brücke von Workshop zu Workshop** dienen. Die Möglichkeit in der Arena-Musik an der Schule Workshop Inhalte zu wiederholen, zu vertiefen oder ergänzend zu erweitern. Diese Brücke bestand nach dem Workshop III.

3. Die SchülerInnen erhielten über ihren Stand des Lernens ein persönliches Feedback der Workshop-Leitung. Verschiedene inhaltliche Aufgaben der Workshops I – III waren aufgelistet. Erfolgreich bewältigte Aufgaben zeichneten die Workshop-Leitung mit einem *Goldenen Sternchen* aus. SchülerInnen erwarben sich dadurch ein **Diplom.** Noch unbewältigte Aufgaben forderten somit auf, sich zu erproben.

   Die Liste möglicher Aufgaben, teilweise in freier Auswahl:
   - *Spiel-Aufgaben*: Instrumente ausprobieren, das (Er-)Finden neuer Spielweisen, Rhythmen, Melodien, Geschichten, im Tutti, im Solo, im Begleiten
   - *Hör-Aufgaben*: gut zuhören, unterscheiden von Klangfarben hell – dunkel, hoch – tief, laut – leise, schnell – langsam, schneller werden – langsamer werden
   - *Schreiben / Malen:* Klangverläufe skizzieren, Stimmungsbilder malen, Portfolio führen, an die Tafel schreiben, abschreiben, schön schreiben, richtig schreiben
   - *Lesen:* Klangtapete / Partitur, Spielregel, Joker
   - *Führen – Folgen:* als DJ, D-Jane, DirigentIn, Joker-Leser, Meister des Donners (für Verabredung von Zeiten), Tschinellen – Meister (Augen auf – Ohren zu);
   - *Präsentation:* im Herz- oder Ohr-Kreis, im Raum, bei unserem Abschlusskonzert, Portfolio-Arbeit und bei Forscher-Fragen.

4. Im *Ich-bin-Experte-für* Bereich konnten musikalische Fähigkeiten wie Beatboxing oder Trommeln, aber auch außermusikalische Bereiche, wie beispielsweise Instrumente reparieren etc. hervorgehoben werden. *Forscher-Aufgaben* standen wohl zur Wahl, wurden jedoch nicht gewählt.

5. Das *So-bin-ICH* Blatt unterstützte die SchülerInnen inne zu halten und sich bewusst zu werden über: *Ich und andere Teilnehmer, mein Verhalten im Spiel-Kreis, in der Pause* und *meine Verantwortung* gegenüber Regeln und Aufgaben.

6. Über das **Lern- und Erlebnis-Tagebuch** in Kommentaren und Rückmeldungen der SchülerInnen zu: *mich hat beeindruckt…, mir hat gefallen …, für mich war heute neu …,* aber auch *mir hat heute nicht gefallen …* und *ich habe diese Idee, die ich allein /mit anderen ausprobieren will …,* erhielten wir einige wichtige individuelle Rückmeldungen, ein Seismograph subjektiver Stimmungen, Eindrücke und aktueller Befindlichkeiten: von durchweg positiver Begeisterung, über neue Erfahrungen und unbekannte oder neue Seiten an Mitschüler-

Innen im Wechsel der jeweiligen Impro-Gruppen, gute Ideen, Freuden und Klage über die Klassengemeinschaft bis zu konkreten Abmahnungen der Workshopleiterinnen durch einzelne SchülerInnen (siehe Abschnitt V. verschiedene Perspektiven).

Wir Workshop-Leiterinnen tauschten unsere Eindrücke über den individuellen Ausdruck der SchülerInnen, ihre Mitarbeit und ihr persönliches Verhalten an jedem zweiten Tag eines Workshop-Moduls aus. Ziel unseres Team-Gesprächs war es, eine ermutigende und würdigende Bestätigung des persönlichen Beitrags der SchülerInnen in einem Satz auf den Punkt zu bringen. Ein Gespräch unter vier Augen zwischen Workshop-Leitung und jeder SchülerIn einzeln führte an Hand des integrierten Lern- und Erlebnis-Tagebuchs, der Arbeitsblätter und der Sicht der Workshop-Leitung zu einer persönlichen **Vereinbarung**, die jede/r SchülerIn in ihr Portfolio schrieb. Der nächste Lernschritt oder das Projekt, das sie sich *alleine* oder *im Team* ausgedacht hatten, sollte benannt werden und positiven Einfluss auf ihr Engagement und Verhalten in der Einzel- und Gruppen-Improvisation nehmen. Am Ende eines Workshop-Moduls eine gute Gelegenheit zu Anerkennung, neuer Zielsetzung und einer Geste persönlicher Zuwendung, die zu Beginn der Workshop-Reihe geschätzt und ernst genommen wurde.

Die Ergebnisse aller *Diplome* und *Expertisen* flossen in das eigens entwickelte **Abschluss-Zertifikat** mit differenzierenden Gütekriterien über den *Stand des Lernens* ein. Am Ende der Abschluss-Präsentation erhielt jede SchülerInnen ein Zertifikat, das persönliche Talent-Portfolio mit CD, auf der elf gelungene Ausschnitte der selbst improvisierten und musizierten Klangbilder aus den Workshops I – III dokumentiert waren und zwei bis drei Erinnerungs-Fotos, die von den SchülerInnen autorisiert worden waren. Die Klassenlehrerin erstellte aus dem breiten Spektrum der Workshop-Reihe eine DVD für jeden und würdigte den künstlerischen Auftritt der SchülerInnen vor Publikum mit einer Rose für jeden.

IV. Didaktischer Aufbau und Spielregeln der Workshops[24]

Überblick der Workshop-Struktur – didaktische Elemente:

1. Offener Workshop-Anfang (30 Minuten vor Unterrichtsbeginn)
2. Trommelrunde als ritueller Beginn (20 – 60 Minuten)
3. Warm-Ups zu den Workshop Themen I – IV
    a) Kommunikation – Übung
    b) Ausdrucks-geführte Dialoge
    c) Klänge erkunden – erfinden
       mit Instrumenten / Gesang / Sprechen
       über Körpererfahrung
4. Improvisierte Klangbilder: *Ohr aufs Herz*
    Workshop I   Thema: Landschaften / Die vier Elemente
    Workshop II   Thema: Emotionen: Wut – Angst, Freude -Trauer
    Workshop III Thema: (Körper-) Schattentheater und improvisierte
                          Musik
    Workshop IV   Thema: Theater-Musik und Generalprobe
5. Portfolio Arbeit - rituell nach 2. Pause, 20 – 40 Minuten (siehe Abschnitt III)
6. Chill-Out zu Themen der Workshops I - III
7. Feedback rituell am 3. Tag / Blitzrunde bei Bedarf

Auswahl von Spielregeln aus den Workshops:

1. Offener Workshop-Anfang

15 - 30 Minuten vor dem eigentlichen Beginn des Unterrichts um 8 h nahmen wir uns Zeit die SchülerInnen zu begrüßen und ggf. für kurze Gespräche mit einzelnen. Sie hatten Zeit anzukommen, aufzuwachen, ggf. interessante Instrumente auszuprobieren oder konnten freiwillig teilnehmen an:

---

[24] verwendete Literatur und Quellen:

Dettner, Reiner: Im Dunkeln ist gut munkeln, aus: gruppe & spiel 4/00

Köszeghy, Susanne: Idee und Ausarbeitung (noch nicht publiziert)

Friedemann, Lilli: einstiege in neue klangbereiche durch gruppenimprovisation, rote reihe 50, Universal Edition, Wien 1973

Friedemann, Lilli: Trommeln-Tanzen Tönen, rote reihe 69, Universal Edition, Wien 1983

Meesmann, Karin: Idee und Ausarbeitung (noch nicht publiziert)

Ribke, Juliane: Elementare Musikpädagogik, Conbrio-Fachbuch Bd.3 1995

Schwabe, Matthias: Musik spielend erfinden, Bärenreiter, Kassel 1992

Tischler, Björn, Moroder-Tischler, Ruth: Musik aktiv erleben, Diesterweg Frankfurt/M. 1998

Ankommen[25]

Die SchülerInnen nehmen sich eine Trommel ihrer Wahl, probieren verschiedene Klänge aus und lassen sich je nach Stimmung auf einen Trommel-Dialog oder ein Gespräch im Spiel-Kreis, dem inneren Herz-Kreis ein. Wer nur zuhören will, nimmt vorerst im äußeren Hör-Kreis Platz. Wir versuchen über das Trommel-Spiel unserer Stimmung Ausdruck zu geben und mit anderen ins *Gespräch,* ins Spiel zu kommen.

2. Trommelrunde als ritueller Workshop-Beginn

Büffelherde[26]

Jede SchülerIn im Spielkreis hat eine Trommel zwischen den Knien. Ähnlich einer Büffelherde folgen alle dem *Leittier,* das laut oder leise, langsam oder schnell zu trommeln beginnt (die Workshop-Leitung fängt nicht an!). Die *Herde* übernimmt die vorgelegte Intensität und Tonstärke des nicht vorherbestimmten Leittiers wie ein Hufgetrappel. „Versucht so schnell zu reagieren, als ob ihr gleichzeitig anfangt und aufhört."

    Variante 1: drei Sets in zwei verschiedenen Tonstärken (p und f)

    Variante 2: deutlich unterschiedliche Längen der Trommelphasen

    Variante 3: drei Trommel-Sets mit ungleich langen Pausen

Der Elefant[27]

Die Spieler sitzen im Kreis, jeder hat eine Trommel zwischen den Knien. Die Schritte eines Elefanten gehen auf den Trommeln reihum. Zunächst bleibt das Tempo konstant, der Übergang von einer Trommel zur anderen soll möglichst nahtlos, ohne *Stolpern* erfolgen.

    Variante 1: Der Elefant ändert allmählich das Tempo

    Variante 2: Der Elefant wird von Elfenbeinjägern verfolgt und rast möglichst schnell im Kreis. Dabei bewegt er nicht nur seine Beine in möglichst hohem Tempo, sondern muss auch versuchen, den Kreis möglichst schnell zu umrunden.

    Variante 3: Die Jäger kommen von verschiedenen Seiten. Der Elefant wechselt immer wieder die Richtung (Blickkontakt!).

---

[25] nach Schwabe 1992, S. 18

[26] Meesmann, nach Friedemann 1973, S. 16

[27] nach Schwabe 1992, S. 14 f.

In diesen Trommelrunden übten wir mit steigendem Anspruch klanggesteuerte Dichte und Tonstärke, Dynamik, Übergänge (crescendo und decrescendo), ebenso Metrum, Tempo, Agogik, gemeinsame Anfänge und gestaltete Schlüsse, wie auch spannende Pausen in Aktion und Reaktion der SchülerInnen. Weitere Spielregeln dazu: *Silhouette einer Landschaft*[28] und über diesem Spiel die *Namens-Runde-Da-Da*[29], d.h. den eigenen Namen oder beliebige Namen aus der Gruppe in Silben sprechen, verfremden oder singen.

3. Warm-Ups zu den Workshop Themen I – IV

a) Kommunikations-Übungen

Spinnennetz – Morsezeichen – freie Leitung
Alle SchülerInnen sitzen im Spiel-Kreis und jede hat unter dem Stuhl eine Trommel. Ein Wollknäuel wird zwischen allen SchülerInnen hin und her gerollt, so dass sich ein Spinnennetz bildet. Eine Windung um ein Stuhlbein fixiert den Faden. Sobald das Knäuel bei jedem/jeder SchülerIn anrollt, beantwortet er/sie die Günther Jauch Frage: *Wenn ich 1Million Euro gewinnen würde, dann würde ich …* Haben alle SchülerInnen von ihren Wünschen und Träumen erzählt, wird das Spinnennetz zur Leitung für Morsezeichen.
Jeder holt die Trommel hervor, denkt sich ein kurzes rhythmisches Motiv aus und sendet es über den vorgezeichneten Weg des Kommunikations-Netzes zum Empfänger.

> Variante 1: Der Empfänger trommelt das Echo und schickt ein neues Motiv auf den Weg.
> Variante 2: Im Frage-Antwort-Trommeln wird über Blickkontakt der Empfänger frei bestimmt.

Tummelei[30]
Alle sitzen im Kreis, zunächst probiert jeder auf einer Trommel verschiedene Klang-, bzw. Spielarten aus. Das eigentliche Spiel besteht in abwechselnden Duo- und Tutti-Phasen: Zunächst *tummeln* sich alle gleichzeitig auf ihren Trommeln (Tutti), dann hört einer nach dem anderen auf, die beiden letzten Spieler, die übrig bleiben, improvisieren ein Zweierspiel (Duo). Wie in einem Gespräch wechseln sie sich ab oder spielen gleichzeitig. Wenn sie sich nichts mehr zu sagen haben oder zu einem deutli-

---

[28] Schwabe 1992, S. 15
[29] Meesmann 1998 (nicht publiziert)
[30] nach Friedemann 1983, S. 10f.

chen Ende kommen, setzen alle ein. Nach einiger Zeit hört wieder einer nach dem anderen auf, zwei andere bleiben übrig und gestalten ein neues Duo usw. Das Spiel endet entweder mit einem Duo oder einem Tutti.

b) Ausdrucks-geführte Dialoge

Ausdrucks-geführte Dialoge wie z. B. emotionale Stimmungs- und Klangbilder bereiteten wir vor. Zunächst über Dialoge mit Rollenvorgabe, wie z.B. *Mutter und quengelndes Kind* nach der Spielregel *Gespräche*[31] und für offene charakteristische Motive, interaktiv mit Raum- und Pausen-Dimension über *Rufe*[32].

Stimmungsbarometer[33]
Die vier Emotionen Wut – Angst, Freude – Trauer sind zuvor als typische Klangbilder von der ganzen Gruppe erarbeitet worden. So wie Kinder freudige Erlebnisse mit *schneller, lauter und hoher* Stimme erzählen entspricht die Wahl und Spielweise des Instruments eher den Merkmalen von *schnell, laut und eher hoch*. Vier Gruppen verabreden die musikalische Darstellung einer der vier Emotionen, die sie den anderen als Rätsel vortragen. Wer schnell erfühlt, welche Stimmung gemeint ist, nimmt sein passendes Instrument und/oder spielt in entsprechender Spielweise in der Gruppe mit. Für zwei Mitspieler sind Plätze frei. Im Anschluss errät das Plenum welche Stimmung / Emotion dargestellt wurde und woran sie das gehört haben.

c) Klänge – erkunden und erfinden
- mit Instrumentarium / Gesang / Sprache

Klänge raten[34]
Die Spieler probieren auf den Instrumenten besonders interessante Klänge, Geräusche oder neue Spielweisen zu finden. Jeder entscheidet sich für einen *Klang*, legt das Instrument in die Raummitte und setzt sich auf seinen Platz. Während alle anderen die Augen schließen, geht ein Spieler in die Mitte, führt seinen *Klang* mehrmals vor und setzt sich wieder. Die anderen öffnen die Augen; wer zu wissen glaubt, wie der Klang erzeugt wurde, macht ihn nach. Gelingt das nicht, probiert es ein zweiter. Wer den Klang auf diese Weise erraten hat darf das nächste Hörrätsel stellen. Der ganze Ablauf soll ohne Sprechen stattfinden, damit die Erinnerung an den zu ratenden Klang nicht gestört wird.

---

[31] Schwabe 1992, S. 26
[32] Schwabe 1992, S. 19
[33] Meesmann 2011
[34] nach Friedemann, in: Schwabe 1992, S. 24f.

110

- über Körpererfahrung

Laufen ohne berühren[35]

Die Spielfläche für die SchülerInnen hinter dem Laken des Schattentheaters ist mit einem Wollfaden markiert und z. B. ein Pullover/Gegenstand liegt zum Verkleinern der Spielfläche bereit. Eine Gruppe läuft innerhalb der markierten Fläche kreuz und quer. Niemand darf den anderen oder einen Gegenstand berühren. Über Trommel-schläge wird das Tempo der Schritte beschleunigt und der Bewegungsraum über den Wollfaden enger gezogen, bzw. über einen Gegenstand zusätzlich verkleinert. Stoppt das Spiel der Trommel, erstarren alle zur Einheit einer Skulptur.

Variante 1: Jede/r SchülerIn muss seinen Schatten vor-, hinter- und nebeneinan-der bewegen können

Variante 2: die SchülerInnen arrangieren sich in drei Höhen: kniend, auf einem Stuhl sitzend oder stehend

Variante 3: die zweite Gruppe setzt die Schattenbewegung der Körper in Klang um. Nah – fern entsprechend in laut-leise, hoch-tief in Tonbewegun-gen etc. Welche Instrumente kommen in Frage, welche Spielweise ist angemessen?

Variante 4: eine Geschichte zur Skulptur ausdenken und musikalisch darstellen

4. Improvisierte Klangbilder: *Ohr aufs Herz*

Workshop I, Thema: Landschaften und *Die vier Elemente*

Zur Einführung in das Thema sammelten wir im Plenum verschiedene *Landschaften*, wie Wüste oder Regenwald. Eine SchülerIn schrieb alle Stichworte an das Flip-Chart und schnell waren die typische Formation und Stimmung einzelner Landschaften von den SchülerInnen in eigenen Worten charakterisiert. Die folgende Spielanleitung *Landschaften raten*[36] beinhaltete: Jede der zwei Gruppen entschied sich für eine Landschaft und versuchte diese in passenden Geräuschen, Klängen und Spannungs-verläufen als Gruppenimprovisation zu musikalisieren, zunächst mit Unterstützung der begleitenden Workshop-Leiterin. Diese Assoziation von Klängen und empfunde-nen Stimmungen in der Natur funktioniert meist mit verblüffender Klarheit. Innerhalb der Gruppen empfanden alle schnell und entschieden klar, welche Klangfarbe eines Instruments zur gewählten Landschaft passt oder nicht. So ordneten die SchülerInnen

---

[35] Köszeghy, nach Dettner 2000, S. 8

[36] nach Schwabe 1992, S. 43

metallisch *kalte* Klänge kurzen Tönen eines Metallophons oder das knisternde Knack-Geräusch einer leeren Plastikflasche dem brüchigen Eis einer Polarlandschaft zu, hölzerne *warme* Töne einer Schlitztrommel oder Bambusrassel der sengenden Hitze einer Wüste.

Mit beflügelter Phantasie stiegen wir in die Gruppenarbeit ein. In wechselnder Zusammensetzung bildeten wir zunächst zwei Gruppen, eine Gruppe pro Workshopleitung, und präsentierten uns nach etwa 20 – 30 Minuten gegenseitig die improvisierten Klangbilder. Die Zuhörer übernahmen jeweils die Aufgabe, das improvisierte Klangbild der Landschaft zu erraten und das *Erhörte* zu begründen. Stets ein Treffer!

Gegen den Protest einzelner SchülerInnen, die gerne nur mit ihrer FreundIn zusammen sitzen und spielen wollten, wechselten wir die Zusammensetzung der Gruppen ständig. Zunächst arbeiteten wir in zwei Gruppen, eine Gruppe pro Workshopleitung, und gingen im Lauf der Workshops in selbständige Klein-Gruppenarbeit bis zu vier Gruppen mit gegenseitiger *Präsentation* und *Feedback* über. Für die SchülerInnen eine Gelegenheit einander von anderen Seiten kennen zu lernen.

Während der *Präsentation* erlernten wir allmählich uns gegenseitig zuzuhören, vergleichbar einer Konzertsituation. Der zunächst als *Reflex* erwartete Applaus wurde ganz etappenweise Ausdruck gegenseitiger Wertschätzung. Das übliche *Feedback* gab Gelegenheit sich über die gehörten Eindrücke und die beabsichtigte Spiel-Idee auszutauschen. Dies Gespräch regte gelegentlich eine deutlichere Ausführung der gewünschten improvisierten Stimmung und Aussage an.

Wegen der guten gemeinsamen Assoziation blieben wir im Bereich Natur und wählten das Thema *Die vier Elemente*: Feuer – Wasser, Luft – Erde. Das Instrumentarium des exploratoriums ergänzten wir um Steine, Sand, Erde und Plastikflaschen, in die schwingende Orgelzungen geschnitten waren für Windgeräusche u.a.m.

Über assoziierte Bilder und/oder (selbst) erfundene Geschichten entwickelten wir die *musikalische Zeitachse*. Für das Beispiel Feuer fand sich die Idee, ein Lagerfeuer zu entfachen: über das Klopfen von Steinen entspringt ein Funke, mehrere Funken. Ein Papier beginnt zu glimmen, Holz wirft erste kleine knisternde Flämmchen, erst blau - dann rot, größere Holzscheite glühen an – es entsteht Wärme, Funken sprühen und die Flammenzungen flackern immer größer etc. Die SchülerInnen improvisierten ein großes gemeinsames Crescendo, aus dem *Funken* gleich einzelne Klänge sprühten.

Auf den Arbeitsblättern ihres Portfolios beschrieben die SchülerInnen mehrheitlich große Begeisterung und Spaß: an der Vielfalt der Instrumente, so vielen Spielen, dass alle mal ruhig waren etc. Diese Reflektion in die Meta-Ebene des Gelernten und Erlebten fiel ihnen nicht leicht (siehe Abschnitt V.:verschiedene Sichtweisen – Schülerperspektive).

Der Baustein *Chill-Out,* passend zu dem jeweiligen Workshop-Thema, lautete *DJ-oder D-Jane am Mischpult!* Ein freiwillige/r DJ- oder DJ-ane hatte die Möglichkeit, quasi als Dirigent das Gelernte zu wiederholen und zu vertiefen. Dies bedeutete in Workshop I: Blas- und Schlag-Instrumente zu unterscheiden und auf Handzeichen der DJ-ane im Tutti oder Solo zu improvisieren. Diese Aufgabe schien kurz vor Schluss des Workshops die Konzentration und weitere Lust am Improvisieren der SchülerInnen zu überfordern.

Obgleich wir zwei Pausen (von insgesamt 30 Minuten Dauer) hatten, erscheint uns eine Workshopdauer für SchülerInnen der 7. und 8. Klasse Sekundarschule mit maximal drei Stunden Improvisation besser bemessen.

Workshop II, Thema – Emotionen: Wut – Angst / Freude – Trauer

Das Thema Emotionen führte das *Märchen von den Kuscheltüchern* nach Claude Steiner ein.[37] Es ist die Geschichte von der Verknappungs-Theorie der Kuscheltücher als Allegorie für *liebevollen Umgang* miteinander.[38] Danach entscheidet jeder Mensch selbst, seine Zuwendung allen oder nur bestimmten Personen zuteilwerden zu lassen. Eine böse Hexe aber hatte behauptet, menschliche Zuwendung sei bemessen. Dies führte unter den Menschen zu Geiz und Neid, ihr Leben wurde beschwerlich und kalt. Als Ersatz wurden künstliche Kuscheltücher hergestellt und ein Gesetz sollte die Vergeudung der echten Kuscheltücher verbieten. Die meisten Menschen fühlten sich unglücklich. Ob aber die Erwachsenen ihre Kinder unter das Gesetz zwangen oder die Kinder ihre eigenen Gesetze lebten, weiß man nicht.

Gemäß der *keimfähigen Kern-Idee* war dies Märchen auf das Umfeld der Schule, den Bergmann-Kiez übertragen, um eigene Erlebnisse zu diesem herausfordernden Thema *Emotionen* frei zu legen.[39] Diese Saat ging auf, die SchülerInnen sammelten aus ihren Erlebnissen vielfältige Emotionen, die sie an die Tafel schrieben. Wir sortierten und

---

[37] Claude Steiner (*1934) war Mitarbeiter von Eric Berne, dem Begründer der Transaktionsanalyse. Steiners Ansatz und Arbeit über emotionale Kompetenz (gleichnamiges Buch 1999) vermittelt eine Methode mit Gefühlen umzugehen, den eigenen und denen anderer Menschen.

[38] Steiners originale Kuscheltuch Geschichte findet sich in verschiedenen Sprachen auf der Homepage http://www.claudesteiner.com/fuzzyge.htm

[39] keimfähige Kern-Idee steht für den persönlichen Bezug der einzelnen SchülerInnen, ihr eigenes Erleben zum Thema zu finden und zu erzählen. Darüber bildet sich die eigene Motivation zu Mitarbeit und weiteren Lernschritten. Ein Prinzip aus dem Arbeitskreis Freinet-Pädagogik.

loteten diese Emotionen aus und schließlich bildete die *Emotions-Blüte* als Overhead-projektion an der Wand eine optische Zusammenfassung.[40]

Dieses Bild menschlicher Emotionen führte vor Augen, dass die Übertreibung, ein Zuviel oder Zuwenig, aus dem Lot und in ein Extrem führen kann. Am Beispiel Wut im Segment Verachtung / Aggressivität spannt sich ein Bogen von: (unausgesprochen) gärendem Verdruss über (blind) agierende Wut bis zu kaltem versteinertem Hass. Das Benennen solcher Emotionen und Sortieren hielt unser Gespräch in Fluss und verlief glücklich wertfrei.

In der musikalischen Gruppen-Improvisation zum Thema Emotionen beschränkten wir uns auf die Pole: Wut – Angst und Freude – Trauer. Die SchülerInnen schauspielerten verschiedene Typen und versuchten sich in kurzen szenischen Darstellungen, die durchaus heiter ankamen. Aus der Art ihrer Bewegung, ihrem Körpergefühl, der Stimmlage – je nach Emotion, Tonstärke und dem Tempo ihres ge-

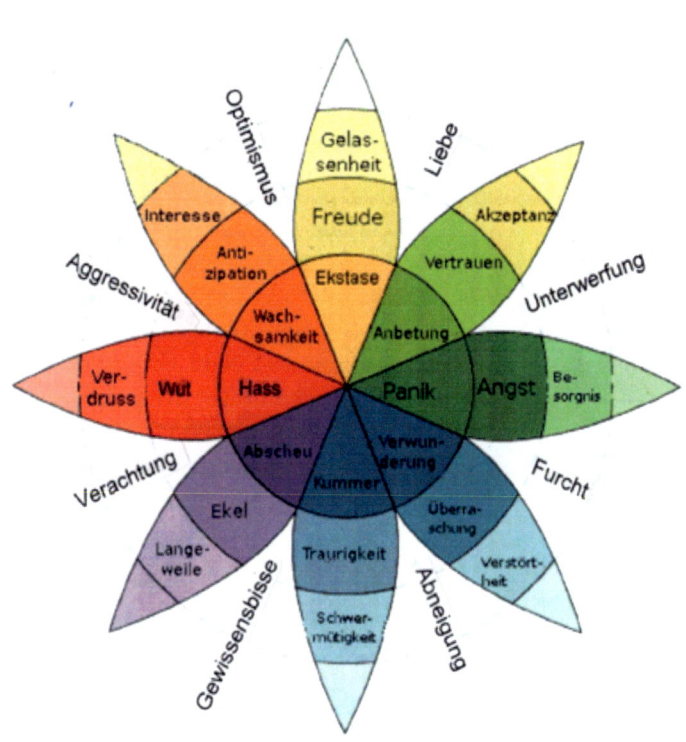

spielt emotionalen Sprechens – erstellten die SchülerInnen Gruppierungen emotionaler Merkmale. Beispielsweise als Tendenz für Wut: schnelle Bewegungen, eine laute Stimme, kurze relativ hohe Töne.

---

[40] Darstellung menschlicher Emotionen nach Robert Plutchik

114

Zur Orientierung über die Möglichkeiten musikalischen Ausdrucks und um den Schü-lerInnen eine möglichst breite Palette an die Hand zu geben, plakatierten wir diese *Musizierkunde* an die Wand.[41]

Übersichtstafel zur Musizierkunde — Hans Peter Schmitz

	Linke Gruppe		Rechte Gruppe	
Tonbewegung Tempo/ Rhythmus	langsam oder langsamer weicher, schwingender Rhyth. Tendenz : 3er- Rhythmus	⟺	schnell oder schneller härterer, klopfender Rhyth. Tendenz: 2er-Rhythmus	**Tonbewegung** Tempo /Rhythmus
Tonstärke Dynamik	leise oder leiser	⟺	laut oder lauter	**Tonstärke** Dynamik
Tonlänge Artikulation	lang gebunden, legato, portato, breit gestoßen weicher Tonbeginn	⟺	kurz gestoßen, staccato härterer Tonbeginn	**Tonlänge** Artikulation
Tonhöhe	tief oder fallend	⟺	hoch oder steigend	**Tonhöhe**
Tonfarbe	dunkel und weich Tonanteil	⟺	hell und härter Geräuschanteil	**Tonfarbe**

---

41 Hans-Peter Schmitz edierte 1953 den Faksimile Neudruck des Schulwerks von Johann Joachim Quantz: *Versuch einer Anweisung, die Flöte traversiere zu spielen* (3/Breslau von 1789). Auf dieser Grundlage entwickelte er in seinem Bändchen *Singen und Spielen* von 1958 den *Versuch einer allgemei-nen Musizierkunde* und diese *Übersichtstafel zur Musizierkunde*. Den polarisierenden Parametern des Musizierens legt Hans-Peter Schmitz den musizierenden Menschen als Einheit von Körper-Seele-Geist zu Grunde. So wie Kinder etwa freudige Erlebnisse schneller, mit lauterer und höherer Stimme erzählen als traurige, deren Bericht meist langsamer abläuft und dunkler, tiefer und leiser klingt. Der Koppelung von Eigenschaften wie *schnell-laut-kurz (gestoßen)-hoch-hell* mit dem ihr natürlich innewohnenden Charakter des Aktiven, der positiven Affektqualität, des Lichts, des Tages und des Lebens als *Rechter Gruppe* steht die *Linke Gruppe* gegenüber mit der Kopplung *traurig-langsam-abwärts-tief und dunkel* und den entsprechenden Tendenzen. Was die barocke Redewendung *Meine Seele hört im Sehen* um-schreibt, hieß bei Hans-Peter Schmitz *Gegenkoppeln* und beschreibt das chinesische Yin und Yang, als sinnfälliges Zeichen zweier Prinzipien, die sich aufeinander beziehen und über ihrer Bezogenheit leben-dig sind. So verstanden bildet die *Musizierkunde* eine Übersicht zweier Tendenzen.
Die *Musizierkunde* von Hans-Peter Schmitz und das improvisatorische Werk Lilli Friedemanns lassen sich gut aufeinander beziehen. Vielleicht weil beide als Musiker Kenner barocker Musizierkunde waren, die sie auch als Pädagogen inspirierte?

Über diese künstlerisch-emotional *improvisierten Klangbilder* bildeten sich direkt unsere Lernziele für die SchülerInnen der Arena-Musik ab: *musikalische Erfahrungen und Sensibilisierung, musisches Be-Greifen, Selbstvergewisserung und damit Selbstbewusstsein auf dem Weg zum eigenen Ausdruck. Die SchülerInnen entwickelten zügig die für das Musizieren notwendige soziale Fähigkeit* (siehe Abschnitt I. Im Vorfeld – Zielvorgabe). Über das Stichwort einer *Emotion* improvisierten und gestalteten die SchülerInnen (Bühnen-) Musik, bzw. *Klangbilder,* die ebenso für szenisch darstellendes Spiel anzuwenden gewesen wären. Unser Workshop **Ohr aufs Herz** legte **Hand aufs Herz**: mit sichtlichem Körpereinsatz - *offen gefühlt,* improvisierten die SchülerInnen in vier selbständigen Klein-Gruppen musikalisch deutlich differenziert über ihre gewählte *Emotion* in nachvollziehbar authentischem Ausdruck. Spielerische Spannung und Abwechslung legte mit jugendlichem Ausdrucksvermögen das Thema *menschliche Emotionen unter der Lupe* frei. Die Spielanweisung *Stimmungsbarometer* (vergleiche Abschnitt IV b) improvisierten die SchülerInnen so ausdrucksstark, dass neue MitspielerInnen sich unmittelbar passend einbringen konnten.

Während der Portfolio-Arbeit hatte circa die Hälfte der SchülerInnen ihr Foto aus dem *Das-bin-Ich*-Infoblatt herausgerissen. Möglicherweise gerieten sie in Konflikt, weil Einzelnen ihr Konterfei nicht gefiel. Da ihnen das Portfolio als ihr *persönlicher Besitz* ausgehändigt worden war, empfanden sie das Herausreißen ihres Fotos nicht unbedingt als *Beschädigung* eines Lernmittels, das ihnen bis zum Ende der Workshop-Reihe dienen sollte. Eine Schülerin protestierte von Anfang an, fotografiert zu werden und lehnte im Lauf der Arbeit ebenso die **Videoaufzeichnung** der Workshop-Reihe ab. Ihr Unbehagen äußerte sich so, dass sie mehrfach nur mit dem Rücken zum Objektiv sitzen wollte. Dies Verhalten führte gelegentlich zur Irritation der ganzen Gruppe. Eine/r unter den SchülerInnen beschädigte mutwillig ein Instrument, so waren klare Lösungen gefordert: die SchülerInnen sollten ihr Passfoto ersetzen und eine Schülerin erklärte sich freiwillig bereit, das beschädigte Instrument zu reparieren. Die Videoaufzeichnung sollte aus Sicht der Workshop-Leiterinnen zu Gunsten einer ungestörten Arbeits-Atmosphäre ausgesetzt werden. In heftigen Auseinandersetzungen verschiedener Interessen fanden alle Beteiligten eine Lösung.

Workshop III, Thema – (Körper-) Schattentheater und improvisierte Musik

In die Faszination und den Spaß am Schatten-Theater durch den eigenen Körper-Schatten führten wir am Faschings-Dienstag stimmungsvoll mit der *Polonaise Blankenese* von Gottlieb Wendehals ein. Im Gänse-Marsch zur Musik schlängelten wir uns wackelnd vor und hinter der Leinwand. Mit den Händen hielten wir uns an den Schultern des Vordermanns, dies Schlängeln, das Tempo und der Wechsel vom Zuschauer - vor der Leinwand, zum Darsteller - hinter der Leinwand, brachte viel

Spaß und Gelächter. Zur Musik der *Fächer-Polonaise* von Carl Michael Ziehrer übten wir als Kontrast eine stolz schreitende höfische Polonaise. Die Idee eines *höfischen Tanzes* machte ein Tänzchen der Workshop-Leiterinnen vor, dann erprobten sich die SchülerInnen. Eine stolze Körperhaltung – bei all ihren Forderungen nach Respekt, gelang unerwartet nur wenigen SchülerInnen. Gleichwohl experimentierten die SchülerInnen mit neugieriger Freude und strahlenden Augen mit ihren Körperschatten und ließen hinter der Leinwand, eine Fläche von vier gespannten Bettlacken, den Bewegungsimpulsen ihres Körpers ungehemmten Lauf. In Übungen zum darstellenden Spiel eines lustigen, traurigen, jungen, ängstlichen oder stolzen Königs / Roboters / Menschen[42] erweiterten sie ihr Bewegungs-Repertoire.

```
nah / klein  - p
fern / groß  - f
von nah – zu fern - <
von fern – zu nah - >
```

Die Stabfiguren (Mond und Stern), mal nah oder mal fern vor die Lichtquelle geführt, warfen einen großen oder kleinen Schatten an die Leinwand. Die **optische Wirkung der Schatten** im Abstand zur Lichtquelle wurde klar. Paarweise erprobten die SchülerInnen diese Schattenwirkungen und die musikalische Entsprechung. Der Schatten, d.h. das Auge, sollte das Ohr führen. Zügig improvisierten die SchülerInnen die Schatten-Vorgaben mit allen Parametern der Musizierkunde.

Für das vorgegebene Thema *Kreuzberg-Passanten* lagen Requisiten bereit, wie: ein Hut, Spazierstock, Regenschirm und ein Pappkarton. Mit viel Begeisterung entwickelten die SchülerInnen musikalische Improvisationen zu lustigen und gelungenen Schatten-Szenen, die sie: *Dandy*, *Alte Frau und Helferin*, *Herr und Hund*, *Model* und *Roboter* titelten. Das vorgegebene Thema *Shiva* bereiteten wir vor über *Bodypercussion* (eine schöne Improvisations-Aufgabe, nur nicht für pubertierende Jugendliche!) und die Körperübung *Laufen ohne Berühren* (siehe Abschnitt 3. c) erfüllte ihren Sinn in einer stehenden Körper-Skulptur. So wie *Shivas* Körperschatten einer Skulptur gleicht, die allein ihre sechs Arme in hinreißend anmutiger Bewegung der SchülerInnen zu bewegen wusste. Diese Armbewegungen *Shivas* improvisierten die SchülerInnen über zarte Tonhöhenverläufe. Die Themen *Gitter & Befreiung* und *Zaun & Blüte* hatte horizontale, und vertikale, bzw. diagonale Linien als optisches Muster. Das Thema *Zaun & Blüte* stellten zwei Jungen in Zeitlupe dar. Das allmähliche Wachsen einer Pflanze in die Höhe, bis zum völligen Erblühen der Knospen entlang des Zauns. Die SchülerInnen improvisierten dazu allein die optische Schattenbewegung von langsam zu schnell, von leise zu laut und nahmen keinen Bezug zur Struktur des Zauns. Je nach Konzentration und Resonanz der Darstellung gelang die Nachvollziehbarkeit der Improvisation mehr oder weniger. Das Workshop-Thema *Schatten-*

---

[42] nach Haehnel Gerd, Söll Florian: Wir spielen mit unseren Schatten, Kallmeyer, Seelze 2001

theater verhalf unserer Workshop-Arbeit zu neuem Spaß sowie anhaltend guter Stimmung und Arbeits-Atmosphäre. Der hingebungsvolle Spaß und die Faszination szenischer Schattendarstellung ist ein sehr geeignetes Medium für Jugendliche in diesem Alter und motivierte ebenso gut die musikalische Gruppen-Improvisation.

Aus ihren Interessen und Wünschen entwickelten die SchülerInnen am zweiten Workshop-Tag eigene Drehbücher. Zum Thema *Kids an die Macht!* schrieben sie in Stichworten ihre Vorstellungen auf das Arbeits-Blatt „*Ich-wünsch-mir-eine-Welt, in der* …". Ihre hauptsächlichen Interessen bestimmten zwei Themenbereiche: *Eine andere Schule* und *Familie im Brennpunkt*. Diese Themen erarbeiteten wir in zwei Großgruppen. Über verschiedene Trommel-Klänge, Tempi, unterschiedliche Metren und dialogisches Improvisieren erarbeiteten wir das Thema *Eine andere Schule*. Als Zeitachse entwickelten die SchülerInnen die innere Vorstellung: allmählich treffen Einzelne im Schulhof ein, halten hier und da ein Schwätzchen, ein Klingelzeichen ertönt und plötzlich ordnet sich alles für den Unterricht und führt zu einem metrischen Gleichschlag aller auf den Trommeln.

Auch aggressive Gewalt-Vorstellung sollte nicht unter den Teppich gekehrt werden. Sie äußerte sich in *Brennpunkt Familie* z.B. in einer *Ohrfeige des Vaters* und in dem *Kurzkrimi* im *Mord einer Frau* durch einen Schuss aus einer Pistole. Die emotionalen Spannungen der Szene improvisierten die SchülerInnen wahrnehmbar über Klang-Farben, Tempi und verschiedene Spielweisen. Sehr exakt wurden die deutlichen Impulse *knallende Ohrfeige* und *Schuss aus der Pistole* koordiniert.

Workshop IV, Thema – improvisierte Theater-Musik: Kreuz & Quer, u.a.
Vertiefen der Themen und General-Probe

Im Workshop IV wiederholten wir bereits erarbeitete Workshop-Themen. Diese vertieften und differenzierten wir als Vorbereitung unserer Generalprobe am letzten Workshop-Tag. Drei Tage später sollte die Abschluss-Präsentation unserer Workshop-Reihe vor Publikum stattfinden.

Um die SchülerInnen zu ermutigen, deutlicher in Aktion und Reaktion aufeinander zu improvisieren, erprobten wir wenige neue Spielanleitungen, die auch die Dimension des Raums einbeziehen, wie: *Rufe*[43], *Klangwolke*[44] und *Raumklang*. Für letzteres erklingen alle Gegenstände im Raum, inklusive Wände und Fenster, die mit Klöppeln zum Schwingen zu bringen sind. Aus den vielfältigen Klängen und Geräuschen mischt ein freiwilliger Spieler sein persönliches Klangbild ab. Er bestimmt, wer weiter spielt und wer Pause macht. Alleine eine ästhetische Aufgabe zu übernehmen bereitete nur wenigen SchülerInnen echtes Vergnügen, lieber improvisierten sie in der Gruppe. Hingegen unter sich gaben einzelne SchülerInnen in den Pausen Kostproben ihres Talents. Diese beeindruckenden Darbietungen, die sie mit nötigem Anspruch, Ehrgeiz und Ausdauer zuhause vertieft hatten, fanden in unserer Abschluss-Präsentation in einem *Special* ihren Rahmen und Ausdruck: ein *Trommel-Solo*, *Beatboxing* mit Mikrofon und der *Moonwalk*-Tanzschritt. Respekt und Bewunderung ihrer MitschülerInnen quittierten die Solisten mit selbstbewusstem Grinsen. Gerne improvisierten die SchülerInnen über Bilder, die über den Lernkanal Sprache vorgegeben wurden. Konkret: die kurzweilige Phantasie der japanischen Gedichtform eines Haiku sollte improvisierend musikalisiert werden. Die SchülerInnen spürten den lyrisch knappen Beschreibungen von Ort, Jahreszeit und plötzlicher Wende der Stimmung eindrucksvoll schnell und differenziert nach. Solche *Spielanleitung* voller atmosphärischer Stimmung wurde gerne angenommen. Die Stimmung übersetzten sie in passende Klangfarben und angemessene Tempi der Spielweisen, sie improvisierten in eigener Regie, gemeinsamen Absprachen und in guter Interaktion.

5. Portfolio Arbeit

fand rituell nach der zweiten Pause statt und dauerte 20 – 40 Minuten
(siehe Abschnitt III. Arbeit mit Portfolio)

---

[43] siehe Abschnitt IV. 3. b
[44] Meesmann, Idee und Ausführung, Stimm-Improvisation: Tutti und Solo (noch nicht publiziert)

6. Chill–Out zu den Workshop Themen

Workshop I *DJ –ane am Mischpult*
>   *Abmischen* der Improvisationen z. B. der Blas- oder Schlag-Instrumenten-Gruppe. Wie ein Dirigent signalisiert der DJ Anfang und Ende der Improvisation oder den Wechsel von Tutti- und Solo-Improvisationen

Workshop II *Stimmung – aufgelegt*
>   Improvisation über eine der vier ausgewählten *Emotionen*

Workshop III *Arena frei!*
>   Improvisierte Bühnen-Musik zu selbst entwickelten Schattenszenen mit den Themen: *Superwoman, Alter Mann, Krimi* und *reiche Angeberin*
>   Ausführung: vier selbständige Klein-Gruppen

V. verschiedene Perspektiven zur Workshop-Arbeit

1. Aus Sicht der SchülerInnen (Portfolio-Kommentare aus Workshop I und II)

Mir hat gefallen: *so viele neue Instrumente, mir hat alles gefallen, die Zusammenarbeit in einer Gruppe, andere haben gute Ideen, andere akzeptieren meine Idee, wir hatten viel Spaß, ich lerne was Neues, die anderen benehmen sich und lachen, Zweiergruppenbildung und Präsentation, einzelne Instrumente – z.B. eine Schildkröte, wie die anderen drauf sind – in der Schule sind sie total anders, fast alle sind pünktlich, gute Mitarbeit, das man mit Tönen Farbe herstellen kann, fast alles hat mir gefallen keiner kam zu spät, so viele Spiele (2x), das wir was anderes gemacht haben – es war besser als sonst, Zusammen und Mitarbeit (2x), Gruppen-Trommeln (4x), ich wusste nicht - dass man so laut spielen kann, die anderen haben mich zum Lachen gebracht (4x), es war lustig, so viele Instrumente (4x), gute Mitarbeit bei den anderen (3x), Mitarbeit auch bei nicht Können*

Mir hat nicht gefallen: *gar nichts, die Augen geschlossen haben, dass manche gestört haben, dass wir nicht zugehört haben, manchmal zu spät kommen, zu viel getrommelt, dass ich rumgetobt habe – das Mikro hätte die Schnecke getötet, zu viel geredet, immer leise sein – wenn wir spielen oder Lehrer lange reden, in den Pausen nicht raus gehen können, immer leise sein – Trommeln trotz Müdigkeit, mir hat gar nichts gefallen, viele haben gestört, manchmal sehr langweilig, manche reden und hören nicht zu, wir sitzen nur auf unseren Stühlen, dass das sowieso-Mädchen so dumm war, ich hasse Trommeln (2x), ein Mitschüler hat ein Instrument zerstört und*

fand es witzig, ich fand alles gut (2x), ich durfte nur zwei Wörter an die Tafel schrei-
ben, wie letztes Mal – immer das gleiche, manchmal konnte man nicht hören – da
viele zu laut waren

2. Aus Sicht der Workshop-Leitung

Zum Erhalt der Disziplin:

- Die Änderung der Sitzordnung vom äußeren *Ohr-Kreis* für Hör-Aufgaben zum
  inneren *Herz-Kreis* zum Improvisieren ermöglichte den schnellen Wechsel der
  Aufgabenstellung für SchülerInnen, die den Arbeitsprozess einschränkten oder
  störten. Dauer-RednerInnen mit SitznachbarInnen verhalfen wir über das Tauschen der Plätze mit ihrem Gegenüber im Kreis zu neuer Aufmerksamkeit. Für
  konzentrierte Einzelarbeit im Portfolio stellte sich das *Inselsitzen,* allein im
  Abstand von zwei bis drei Metern zum Nachbarn, als unerträglich heraus. Die
  meisten SchülerInnen boykottierten dies, indem sie sich einfach zusammen setzten. Am Rand aussetzen oder vor der Tür im Gespräch etwas abklären war zwei
  Mal nötig und erwies sich als gute Intervention, um zu klären. Ständig neue
  Gruppenkonstellationen über wechselnde Auswahlkriterien (wie z.B. rote Soc-
  ken, schwarze Jeans, lange Haare etc.) in zwei oder vier Gruppen bereicherte das
  musikalische Spektrum. Das Schließen der Augen oder die Beschleunigung der
  Spielabfolge diente mal der Aufmerksamkeit, versetzte uns alle jedoch unter
  Stress.

- Bestimmte **Klänge** verabredeten wir **als Zeichen**:
  Tschinelle für: Augen zu – Ohren auf! Bis zur letzten hörbaren Schwingung der
  Tschinelle sollte S t i l l e eingetreten sein.
  Beckenschlag, als *Meister des Donners*: für Beginn oder Ende
  Schlag auf die große Handtrommel: alle finden sich im Kreis ein

- Ohrenspitzen, kinesiologische **Ohrmassage:**
  Mit Zeigefinger und Daumen wird der Rand der Ohren nach außen gezogen, so
  als wollte man sie falten. Beginne am oberen Rand des Ohrs bis zum Ohrläpp-
  chen.[45]
  Über diese Übung werden Akkupunkturstellen berührt, die den Wahrnehmungs-
  bereich des Hörens und Hörverstehens stimulieren. Anwendung: 15mal

---

[45] Ballinger, Erich: Lerngymnastik für Kinder, München 1995, S. 48

- Sogenannte **Joker-Karten** sollten in **Chaos-Situationen** für die unerwartete Änderung einer Aufgabe im Workshop sorgen und einen notwendigen Stimmungswechsel erwirken. Aus einem Fächer an Joker-Karten zieht eine SchülerIn eine Karte und liest für alle die neue Spielregel laut vor. Die Spielregeln der Joker-Karten beinhalteten ausschließlich Bewegungsaufgaben im Raum, die über Klänge, Tempi und Pausen vermittelt werden. So kombinierten die Impulse von Klanghölzern die Bewegung im Raum. Z.B.: *Nähe leise – Ferne laut* oder *Nähe laut – Ferne leise* bedeutete bei leisen Klangholz-Impulsen in der Nähe zu laufen und umgekehrt. Joker wie: *Stop and Go* oder *Ich bin der Boss! Ich bin die Chefin!* rief ein schnelles körperliches Reaktionsvermögen ab. Solange das Klangholz Impulse setzt, gilt es, sich zu bewegen, in den Pausen stehen zu bleiben. Zu langsamen oder schnellen Impulsen oder den Übergängen Ritardando und Accelerando versuchen die SchülerInnen das Tempo der Impulse in Schritte umzusetzten. Das Spiel des Klangholzes als auch die schnellen Reaktion fielen den SchülerInnen nicht leicht.

- Zur **Ansage von Spielregeln** bewährte sich: Je klarer ein Beispiel gebendes Bild in wenigen einfachen Worten ausfiel, desto leichter war es zu merken und anzuwenden. Die Rückfrage: „Haben alle die Regel verstanden?" bildete ein sinnvolles Ritual.

- Im **Umgang mit Konflikten**, schlechter Stimmung oder Streit nutzten wir in der **Kommunikation** das **offene Gruppengespräch** oder die **Blitzrunde**, die den SchülerInnen Gelegenheit gab, ihre Meinung in einem Satz zu äußern. Streit, Unlust und auch Müdigkeit sollten zügig angesprochen werden, um möglichst sofort geklärt zu werden. In der Auseinandersetzung nach dem II. Workshop wechselten die Workshop-Leiterinnen, die Arena-Lehrerinnen und die SchülerInnen zu **Briefen** und **e-Mails**. Neue Verabredungen führten zurück auf den Weg unserer Workshop-Reihe.

Zur musikalischen Entwicklung:

Für einige SchülerInnen mag *Stille* etwa kulturell bedingt eine *Einengung* dargestellt haben. Dieses Ausmaß an Ruhe war ihnen nicht vertraut, ist zugestanden nicht altersgemäß und gehört in verschiedenen Kulturkreisen außerhalb Westeuropas nicht zur Rezeption von Musik. Sie lernten den Umgang mit Stille für den Beginn und den Schluss ihrer Improvisationen. Die Stille als Pause blieb tendenziell eher ungenützt. Das gemeinsame Improvisieren ermöglichte es, sich gegenseitig und anders kennen zu lernen. In der musikalischen Gruppen-Improvisation über eine ästhetische Idee platzierten sie den eigenen Einsatz immer passender. Die SchülerInnen entwickelten musikalische Dialoge im Wechsel zwischen Tutti- und Solo-Improvisation, mit wachsendem Mut und hörend interaktiv. Sie führten oder folgten einer gemeinsamen Idee und vermochten über Ton-Bewegung, -Stärke, -Länge, -Höhe und Ton-Farbe spielerisch zu differenzieren und diese immer breiter ästhetisch einzusetzen. Da unsere musikalische Gruppen-Improvisation in Klangbereichen *Neuer Musik* ansetzt, ließen sich die SchülerInnen vor dem Hintergrund ihres musikalischen Selbstverständnisses sehr bereitwillig auf Neues ein. Weit entfernt von ihren musikalischen Vorbildern (siehe Abschnitt III – Arbeiten mit Portfolio / musikalische Sozialisation) bewegten sie sich über musikalische Gruppen-Improvisation in Bereichen musikalischer Bildung, die ihnen neue ästhetische Räume eröffnete. Abgesehen von Einzelnen gestalteten die SchülerInnen ganz überzeugende *improvisierte Klangbilder*. Sie entfalteten offensichtlich mit wachsendem Spaß und gewisser Ernsthaftigkeit an der Sache einen differenzierten Ausdruck entsprechend der Vielfalt ihrer Phantasie.

Zur Methode:

Als Workshop-Leiterinnen improvisierten wir selten Beispiel gebend für die SchülerInnen. Erfolgte dies jedoch mit entschieden *klassischem Ernst,* erfassten die SchülerInnen sofort, dass es um künstlerisch-emotionalen Ausdruck und Kommunikation ging, *es* sprach sie an. Unmittelbar wurde die Binnendifferenzierung der SchülerInnen beim Improvisieren deutlicher, nach unserem Eindruck gar künstlerisch-emotional gekoppelt. Da wir Workshop-Leiterinnen beide in erster Linie als Kammermusikerinnen auftreten und seltener als improvisierende Musikerinnen, haben wir es bewusst vermieden über das eigene Beispiel zu steuern.

Der *Lehrer als Künstler* oder der *Künstler als Lehrer* hat die Möglichkeit der Entscheidung, den SchülerInnen freie Hand zu lassen, methodisch zu wechseln oder beispielhaft über eine Vorgabe zu improvisieren. Was ist der Situation, dem Thema oder der Gruppe angemessen? Was motiviert die SchülerInnen, ein Prozess- oder Ergebnis-orientiertes Vorgehen? Was erlaubt der Zeitrahmen? Das gute Maß liegt im Erfassen des Augenblicks und im Vermögen der Beteiligten mit den Möglichkeiten zu jonglieren: freies Ausprobieren, weit oder eng gefasste Spielregeln, mit der eigenen Phantasie, dem Zufall, dem Vorbild und der nötigen sozialen Fähigkeit beim Musizieren: über *offene Ohren* die anderen und *hörend* das Ganze *im Blick* zu haben.

VI. Rahmenbedingungen, Konflikte + Lösungen

Schulischer Alltag bedingt unerwartete Änderungen wie: einen personellen Wechsel im Team der Klassen- und Arena-Lehrerinnen, die Arena Musik & Bühne wandelte sich zur Arena Musik, das Musical-Projekt zu Musik & Poesie. Das Konzept unserer Workshop-Reihe wurde davon inhaltlich nicht tangiert. Unausgesprochen blieb indessen, dass von der ursprünglich gewünschten inhaltlichen Zusammenarbeit Abstand genommen wurde. Von den angedachten wöchentlichen Workshop-Stunden stellten wir um auf dreitägige Intensiv-Phasen, eine pro Quartal. Dies bedeutete für die 9.- und 10.-Klässler der Arena-Musik einen zu großen Stundenausfall, so dass sie am Workshop nicht teilnehmen konnten. Dadurch war das klassenübergreifende Lernprinzip Arena auf zwei Jahrgangsstufen reduziert. Für Workshop I wählten die Arena-(Klassen-) Lehrerinnen nach subjektiven Kriterien 12 SchülerInnen der 7. und 8. Klasse aus. Zum Workshop II kamen vier weitere SchülerInnen neu hinzu. Zwei von ihnen erforderten häufig eine lang anhaltende 1:1 Betreuung durch eine Workshop-Leiterin . Mit Workshop III kam eine weitere neue Schülerin hinzu, so wechselte die Größe unserer Gruppe von 12 zu 17 Jugendlichen

Unsere Workshop-Reihe *Improvisierte Klangbilder: Ohr aufs Herz* war in sensibilisierenden Modulen aufbauend konzipiert, so dass wir die Workshop-Gruppe als eine Einheit-im-Prozess des Be-greifens, in der gemeinsamen Erfahrung des Gruppen-Improvisierens und der Entwicklung verstanden. Die überraschenden Erweiterungen unserer Gruppen-Größe gebot weit mehr Wiederholung und führte weg von der Exklusivität einer Gruppe, die über das gemeinsame Ausprobieren, Erleben und die Erfahrung musikalischer Gruppen-Improvisation zusammen wächst und ihren Ausdruck findet.

Sofern die Klassen-Lehrerinnen im Workshop präsent sein müssen (Aufsichtspflicht) ist die aktive Teilnahme der begleitenden Klassen-Lehrerin am Workshop-Prozess an der Sekundarschule und in diesen Jahrgangsstufen von großer Bedeutung. Mit der Klassen-Lehrerin steht und fällt das Interesse, die Aufmerksamkeit und Motivation der SchülerInnen. Verlässt sie den Raum oder pausiert als Beobachterin am Rand, verliert der Workshop-Prozess an Bedeutung, Aufmerksamkeit und Energie. Eine gewisse *emotionale Nähe* ist glücklich zwischen einer Klassen-Lehrerin und jeder einzelnen SchülerIn, - ein besonderes Terrain. Kreuzt eine Workshop-Leiterin dies Terrain, entsteht *fremde Nähe,* die schlecht auszuhalten sein kann.

Als gläserne Prinzipien unseres *Team-Teachings* erarbeiteten wir uns: klare Zeitphasen des Unterrichtens, das Benennen der assistierenden Momente und des Nicht-Einmischens. Die pädagogische Lage wurde durch unterschiedliche Vorstellungen von musikalischer Gruppen-Improvisation, des Leistungsvermögens der SchülerInnen und in der Beurteilung *schwieriger Situationen* mal bereichert oder erschwert. Fazit: Je besser im Vorfeld alle Kooperations-Partner ihre Erwartungen und Bedingungen benennen (können), umso leichter fällt die Zusammenarbeit. Im äußeren Rahmen betrifft das die Zuständigkeit der Haftung während des Unterrichts und in den Pausen. Nach innen: Bezieht sich der Workshop auf eine offene oder geschlossene Gruppe? Ist eine Abschluss-Präsentation geplant oder nicht? Wie frühzeitig können Termine dafür vergeben werden? Uns erscheint es sinnvoll, einen Workshop dieser Länge in das Bewertungssystem einer Sekundarschule einzubinden. Der Wert und die Anerkennung des Workshops steigen und die notwendigen disziplinarischen Regeln, die z.B. mit Pünktlichkeit anfangen, lägen so bei den Klassen-Lehrerinnen *und* Workshop-Leiterinnen . Die regelmäßige Teilnahme am Workshop im Zeugnis der SchülerInnen zu vermerken, bzw. ein anerkanntes (z.B. mit Schul-Stempel) internes Abschluss-Zertifikat zu erwerben, erhöht potentiell den Anreiz.

Die Qualität musikalischer Gruppen-Improvisation entwickelt sich zum Teil in *Exklusivität*, über Wiederholung und Ausdauer und eine gewisse Anstrengung, zu der manche Jugendliche nicht immer bereit sind.
Von der Möglichkeit einer professionellen Supervision, unabhängig und zeitnah, die dazu beitragen könnte, die Arbeitsbeziehungen aller Kooperations-Partner in Balance von Absprachen und Kompetenz zu halten, haben wir zeitweilig geträumt.

Schlussakkord:
Jede Widrigkeit fand ihre Lösung, nach einer langen und anstrengenden Generalprobe überraschte uns vor dem Abschlusskonzert diese e-mail: „Liebe Susanne & Liebe Karin! Wir, die Arena Musik, bedanken uns ganz herzlich, dass Sie uns so viel beigebracht haben. Wir schätzen ihre Arbeit sehr (. . .), mit freundlichen Grüßen" - handschriftlich unterzeichnet mit allen Vornamen der SchülerInnen. Für uns ein *virtueller Blumenstrauß*, den wir gerne an die Beteiligten des Projekts *expressiv & explOHRativ* weiterreichten. Erfreut münzten wir ihn um zur Duftmarke musikalischer Gruppen-Improvisation der Arena Musik, *sie haben die Witterung in der Nase!*

Klaus Emrich:

Slow Change Slow Development[46]

Erfahrungen und Beobachtungen eines Lehrers in einer deutschen Grundschule, freie Improvisation betreffend

Intro

> *„Ich bin eine Geige. Ich habe Angst, dass einer oder eine meine schönen Saiten kaputt macht. Ich bin ein pingeliges Instrument. Wenn einer zu doll auf mir spielt, dann fange ich an zu weinen. Ich mag zarte Menschen, die auf mir langsam spielen - nicht doll."*

Dies ist die Aussage eines zehnjährigen Schülers, der vielen als Rabauke gilt. Doch woher kommt diese Sensibilität? Und warum ist sie im normalen Schulalltag kaum zu erkennen?

Der Text entstand nach dem einwöchigen Workshop meiner fünften Klasse mit dem Sopransaxophonisten Ariel Shibolet. Ich hatte die Kinder gebeten, das Verhältnis zwischen Instrument und Spieler zu beschreiben. Einmal aus der Perspektive des Spielers: Ich gehe auf eine Anzahl unterschiedlicher Instrumente zu und wähle eines aus, das ich spielen möchte. Dann aus der Perspektive der Instrumente, die die Spieler kommen sehen und darauf warten, wer sie als Spielgerät auswählt und behandelt. Der Gedanke, dieses komplizierte gegenseitige Verhältnis beschreiben zu lassen, verdankt sich der „Orchesterprobe" von Federico Fellini.

Ein anderer Schüler schrieb (aus der Perspektive des Spielers):

> *„Ich habe mir die Trommel gewählt, weil die Trommel ein Instrument mit Action ist. Ich habe sie auch genommen, weil es Spaß macht laut zu spielen und nicht leise. Wenn man leise spielt, macht das nicht so doll Spaß."*

---

[46] Titel des ersten Stücks auf der CD „Metal Tube and Consciousness" (2004) von Ariel Shibolet

Und aus der Perspektive des Instruments:

„Ich bin ja ein Instrument, auf das man draufhaut."

Aber dann (weiterhin aus Sicht des Instruments):

Ich habe Angst, denn der Lehrer hat gesagt, dass sie ein lautes Stück spielen.

Musik, besser: frei improvisierte Musik, als Abbild gesellschaftlicher Verhältnisse. Klassen-Verhältnisse: sichtbar gemacht in einer Berliner Grundschule. Überliefert werden sollen diese Verhältnisse vor allem durch die sich an die Workshops anschließenden Reflexionen der Kinder selbst. Sie wurden im Deutschunterricht geschrieben (und nicht benotet). Mir gefällt dabei die Mühe der Kinder, komplexe Zusammenhänge in ihren Widersprüchen darzustellen.

„Du musst auf die anderen hören und schauen"
Improvisation als kollektives Handeln

Was ist Improvisation?

„Improvisation ist, wenn mindestens zwei Leute zusammen spielen. Das nennt man auch Zusammenarbeit."

„Zum Beispiel nachmachen."

Und wie geht es mir beim Improvisieren?

„Es geht mir gut und ich bin dann glücklich."

Im Anschluss an den Workshop ein Jahr zuvor, der ebenfalls von Ariel Shibolet geleitet und vom *exploratorium berlin* ermöglicht wurde, sollten die Kinder ein fiktives Tagebuch schreiben und über bestimmte musikalische und außermusikalische Zusammenhänge räsonieren. Oben stehender Text stand am Anfang des Tagebuchs. Und dann kam der Satz: *Blätter siebenmal um! Danke!* Dort wurde – nach dem eigentlichen Tagebuch – das Ende des workshops beschrieben und gleichzeitig ein Lernprozess dokumentiert:

„Das weiß ich jetzt vom Improvisieren. Glaube ich."

„Improvisieren ist, wenn man weiß, was man tut. Besser gesagt: man weiß es nicht. Aber man tut so, als ob man es weiß."

"Does humour belong to music?" fragte vor Zeiten Frank Zappa.

„Die Musik war komisch und witzig, weil wir als Klasse das gemacht haben. Das war alles sehr gut. Aber manches war nicht gut, weil da so schiefe Töne rauskamen. Da habe ich Gänsehaut bekommen – von den schiefen Tönen."

„Darauf sollen die restlichen Töne stehen"

Musikalische Skulpturen

Während des Workshops ließ Ariel die Kinder Skulpturen aus Instrumenten und Gegenständen im Raum bauen. Diese Skulpturen waren sichtbar und greifbar. Er verglich damit ihre musikalischen Versuche mit dem Bau von Skulpturen. Im Gegensatz zu den gegenständlichen Skulpturen waren diese nur hörbar und verschwanden schnell wieder.

„When you hear music after it´s gone in the air you can never catch it again" hatte Eric Dolphy 1964 am Ende seines Konzerts „Last Date" gesagt.

Ich ließ die Kinder dieses Bauen von Skulpturen in Sprache setzen. Sie hatten keine Schwierigkeiten mit den gegenständlichen Skulpturen. Aber nur wenige konnten die musikalischen Skulpturen beschreiben. Der vielleicht originellste Beitrag kam von dem „Schüler, der vielen als Rabauke gilt". Er machte aus der Not eine Tugend:

„ling long digililong   bi di zig i la ga za ba digilidom   ba la zagki   go laba bala to   ing lazaret   tring tring   su it la pavot si it porot endamit   fiskart edani tisgra zala skale bi la go la walag."

„Man kann es gar nicht beschreiben"
ExplOHRieren und Reflektieren

Es gab viele Versuche der Kinder, Improvisation zu erklären.

„Improvisation ist etwas aus dem Augenblick heraus ohne Vorbereitung tun. Beim Improvisieren geht es mir sehr gut und wohl."

„Improvisation ist, wenn man gar keinen Plan hat und ganz plötzlich eine Idee bekommt und es probiert. Mir geht es beim Improvisieren gut, weil man da eine Idee hat und sie ausprobiert ohne nachzudenken."

„Improvisation ist, wenn man sich was ausdenkt. In der Kunst gibt es das auch. Wenn man einen grünen Hasen malt oder bunte Striche und sagt: das ist ein Elefant. In der Musik ist es, wenn man ohne Noten spielt oder irgendwelche Töne."

„Beim Improvisieren kann es mir schlecht oder auch gut gehen. Es kommt manchmal auf die Musik an. Es muss aber nicht immer sein. Es kann mir auch bei der gruseligsten Musik gut gehen und ich bin fröhlich.“

Zusammengefasst:

„Improvisieren ist, wenn du einfach spielst was du gerade im Kopf hast.“

Was für ein Gefühl hast du, wenn du improvisierst?

„Ich bin nur glücklich.“

Für die Kinder war Improvisieren zuallererst Handeln, Kommunizieren: vor allem ein soziales Geschehen, in dem aber auch die Ästhetik eine Rolle spielte. Wobei die ästhetischen Kategorien der Kinder diffus waren. Sie wurden an dem jeweils gespielten Musikstück explOHRiert.

„Ich fand am besten die Töne. Weil es meistens neue Töne waren. Es gab auch Töne, die ich schon gehört habe.“

Und:

„Immer sind andere Töne dabei rausgekommen.“

„Was das ist? Es ist ganz einfach mit einer Gruppe zu improvisieren. Also einfach irgendetwas spielen. Nix ist geplant oder so. Ohne Noten – einfach nur spielen. Da wird schon irgendetwas Schönes rauskommen.“

„Das freie Spielen macht sehr viel Spaß. Man kann frei spielen, aber man muss trotzdem auf die anderen achten, was die machen.“

„Als erstes habe ich ein Saiteninstrument genommen. Ich wusste gar nicht, wie das klingt. Aber ich habe es ausprobiert. Das Geräusch kam mir sehr gut vor. Aber nicht nur das. Ich konnte ganz verschiedene Töne bauen.“

„Es ist so, als ob man in einem Raum ist und man nicht weiß was kommt. Man spielt und kann nur hoffen, dass man zusammenspielt. Es ist aber toll.“

„Das war trotzdem Schule“
Über das Unten und das Oben

„Ich fand es oben anstrengender als unten, weil
1. es gab keine Stühle;
2. man musste die ganze Zeit zuhören
3. der Boden war hart.“

Oben: das ist der eher dürftig ausgestattete Musikraum im oberen Stock. Unten: das ist der Klassenraum, in dem der tägliche Unterricht stattfindet. Das Hemd ist eben näher als der Rock – auch beim Improvisieren. Interessant ist, dass sich die Aussagen der Schüler von der Wahrnehmung des Lehrers massiv unterscheiden. Für mich waren die Intensität und Konzentration, mit der die Schüler oben arbeiteten (wobei sie diesen Begriff für ihr Tun nicht benutzt hätten), wesentlich höher als unten. Dort kann man immerhin dösen, sogar schlafen: einfach abschalten.

„Der Unterschied zwischen dem normalen Schulunterricht und dem Projekt mit Ariel ist, dass wir beim Projekt mehr zusammenarbeiten und einfach mal lernen, dass man sich nur gehen lassen muss – dann kommt die Musik über einen. Man kann es gar nicht beschreiben."

Und wenn es doch beschrieben wurde, war es widersprüchlich:

„Im Klassenraum muss man sich sehr stark konzentrieren und mitmachen. Und man kriegt Hausaufgaben. Im Musikraum musste man sich auch konzentrieren und man brauchte auch Aufmerksamkeit. Aber im Musikraum konnte man irgendwie seine Gefühle rauslassen. Das fand ich echt toll."

Dann der Gegen-Satz:

„Aber im Unterricht muss man richtig zuhören."

Für die Kinder sind es offenbar zwei Sphären, die unverbunden nebeneinander stehen und nur in sich widersprechenden Aussagen dargestellt werden können. Selbst dort, wo das Oben und das Unten eins werden, bleibt dieser Widerspruch unaufgelöst:

„Ich fand, es hat keinen Unterschied gemacht. Oder keinen großen. Der Unterschied war, dass wir da sozusagen mit den Instrumenten geschrieben haben und nicht mit den Stiften. Ich fand, das war trotzdem Schule, weil ich immer mehr musikalische Sachen dazugelernt habe."

„Bei mir ist das Verhalten oben besser, weil ich da so vertieft im Spiel war und ich oft dran war. Deshalb. Ich finde das oben nicht anstrengender, weil ich da nur Musik spiele und da unten lernen muss."

Das Andere mit der improvisierten Musik ist für die Kinder offenbar zuallererst das Fehlen von Zensuren. Das Fehlen von Druck – von wem auch immer. Es gibt keine Noten (im doppelten Sinn). Es gibt kein richtig und falsch.

Zusammengefasst:

„In der Musik ist es völlig anders. Es ist für mich so wie frei zu sein von allem, was mich umgibt. Endlich frei. Es ist wie in einer anderen Welt. Man entdeckt

immer Neues und ich finde es sehr viel entspannender, als immer im Unterricht zu sitzen und Mathe zu lernen."

You are not alone – but you are few
Über die Möglichkeiten in der Grundschule, improvisierte Musik zu realisieren

Der Satz/das Stück des Bassisten Sirone[47] trifft exakt die Situation des Lehrers, der sich an einer deutschen Grundschule mit improvisierter Musik beschäftigt. Improvisierte Musik mit Schülern zu realisieren, ist mit Schwierigkeiten verbunden und verlangt Voraussetzungen.

Zunächst beim Lehrer selbst. Improvisierte Musik ist/klingt anders als das bisher Gewohnte. Es gibt keine Sicherheiten. Es gibt keine Noten. Improvisieren ist ein Sich-Bewegen ins Ungewisse. Das kann Angst erzeugen. Bei allen Beteiligten. Ob Lehrer von ihrer Ausbildung her darauf vorbereitet sind, wage ich zu bezweifeln.

Dann bei den Schülern (und ihren Eltern). Improvisierte Musik ist nicht die Musik, die Kinder heute hören. Für sie klingt alles zunächst fremd, manchmal sogar schrecklich. Doch das Wesentliche bei der Aneignung von improvisierter Musik ist nicht das Hören des bisher Unbekannten – des Unerhörten – sondern das Machen. Und erst über das Selber-Machen verändern sich langsam auch Hörgewohnheiten und die Kinder finden diese Klänge interessant – und manchmal sogar schön.

„Wenn die Musik sich ändert, zittern die Mauern der Stadt", sang in den sechziger Jahren des letzten Jahrhunderts die Rockgruppe The Fugs.

Sirones Satz ist nicht resignativ. Ihm wohnt Hoffnung inne; die Hoffnung auf „Slow Change und Slow Development". Mit anderen Worten: das hier Beschriebene zeigt, *dass es geht.* Man muss es nur machen.

„Mittwoch. Wir können improvisieren."

„Ich habe viel bei Ariel gelernt. Aber am meisten haben wir versucht zu improvisieren."

„Es war eine gute Entscheidung von Herrn Emrich Ariel einzuladen."

Aber kommen wir zum Thema.

„Die Klasse kann improvisieren."

---

[47] Norris „Sirone" Jones, * 28. September 1940 in Atlanta, Georgia; † 21. Oktober 2009 in Berlin, war ein US-amerikanischer Jazzmusiker (Kontrabass, Posaune, Komposition).

Dieser Tagebuch-Eintrag des Schülers zeugt von einem ungebrochenen Selbstbewusstsein. Vielleicht auch das eine „Kompetenz", die sich in der Schule entwickeln sollte…

Epilog
Live and not evil

> *„Vor dem Konzert war ich aufgeregt, angespannt und ein bisschen glücklich. Wieso ich glücklich war, weiß ich auch nicht."*

> *„Während des Konzerts war ich glücklich, dass es endlich angefangen hatte. Ich war nicht mehr so angespannt und aufgeregt. Es war lustig und hat Spaß gemacht."*

> *„Nach dem Konzert war ich überhaupt nicht müde, obwohl es spät am Abend war. Irgendwie fand ich es schön, aber gleichzeitig auch traurig, dass das Konzert zu Ende war. Ich fand es schön, dass wir Blumen bekommen haben. Ich fand es auch toll, dass fast alle aus meiner Familie da waren und wir zusammen danach bei Curry 36 eine Currywurst gegessen haben."*

Einige Schüler fragten nach dem Konzert, das sie am Ende des Workshops im exploratorium gaben, ihre Eltern nach deren Eindrücken. Auch diese Interviews nahmen sie in ihr Tagebuch auf. Ein Beispiel:

„Wie fandest du das Konzert?"

> *„Es war ein neues aufregendes Erlebnis. Denn ich bin es eher gewohnt, Musik als vorgegebenes, geplantes Stück zu hören. Ich habe gemerkt, dass ich mich auf die Art von Musik, die Ariel Shibolet mit unseren Kindern gespielt hat, einlassen muss. Dann hat sie mich aber auch weggetragen."*

„Fandest du unser Konzert an irgendeiner Stelle langweilig?"

> *„Nein. Aber es gab Stellen, die mich mal mehr, mal weniger berührt und mich haben träumen lassen."*

„Wurdest du beim Finale richtig wach?"

> *„Wach würde ich nicht sagen. Eher begeistert."*

Über die Nachhaltigkeit von Improvisationsprojekten und über den Künstler im Lehrer

Ausschnitte aus der Symposion-Abschlussdiskussion am 26.08.2012

Reinhard Gagel: Wie hoffentlich in der kreisförmigen Anordnung im Raum sichtbar, geht es in dieser Podiumsdiskussion nicht darum, vorne auf dem Podium ausgewählte Personen diskutieren zu lassen, sondern ich möchte dazu einladen, in ein Gespräch zu kommen, bei dem wir alle in der ersten Reihe sitzen!

In diesem Forum jetzt soll es darum gehen, Perspektiven aus den vergangenen zwei Tagen zu formulieren: einerseits persönliche, andererseits durchaus auch solche, die weiter wirken als nur für die eigene Arbeit. Vielleicht wirken sie in Richtung exploratorium und geben Impulse für ein neues Projekt, auf die Konzeption einer Ausbildung. Vielleicht wirken sie auch in Richtung der beteiligten Schulen oder sogar der Schule insgesamt.

Wir hatten folgende Frage gestellt: „Gibt es eine Chance für die experimentelle Improvisation in der Allgemeinbildenden Schule?" Ich glaube, diese Frage kann man einfach mit „Ja" beantworten nach unserem Projekt! Und damit sind wir dann fertig... (Gelächter im Saal). Wir können das aber auch differenzieren: Was kann sie dort bewirken? Das ist schon ein bisschen interessanter. Und: Welche Impulse kann sie für ein Konzept sinnvoller musikalischer Bildung geben?

Für den ersten Block *Schule – Unterricht – Lernen* würde ich jetzt gerne Prof. Dr. Hans Schneider zu mir auf den „heißen Stuhl" bitten. Ich möchte gerne mit etwas anfangen, was Du am Ende deines Vortrages eben gesagt hast: „Wie kann man improvisatorisches Lernen nachhaltig machen?" Du hast verschiedene Möglichkeiten genannt. Einerseits kann man Unterricht so sinnvoll planen, dass er den Schülern in Erinnerung bleibt oder dass sie auf neue Gedanken kommen. Andererseits hast Du die Frage gestellt, was es ist, womit die Kinder, mit denen wir arbeiten, aus der Schule heraus gehen sollen. Was könnte das sein?

Hans Schneider[48]: Aus den Erfahrungen und aus dem Blickwinkel von Kindern, an die ich mich erinnern kann, könnte es sein, dass sie, wenn sie Musik hören, nicht die

---

[48] Professor für Musikpädagogik an der Hochschule für Musik Freiburg. In den 1990er Jahren war er künstlerischer und pädagogischer Leiter des Projektes "Klangnetze", im Rahmen dessen mehrere Jahre lang zahlreiche Projekte mit experimenteller Musik an zahlreichen österreichischen Schulen durchgeführt wurden. Über dieses Projekt berichtete Hans Schneider im Rahmen des Symposions.

Ohren zu machen und sagen „Das versteh' ich nicht", sondern zuhören und dann anders darüber reden: warum sie es nicht mögen oder warum sie es mögen. Das heißt, dass sie ein Verständnis haben und auch eine Sprache für eine jede Art von Musik. Unser Ziel ist es nie, die Kinder zu überzeugen: Das ist gute Musik, die wir jetzt gemacht haben, das ist gute Musik und das andere ist schlechte. Es gab genügend Kinder, die gesagt haben: „Diese Neue Musik gefällt mir immer noch nicht, gefallen hat mir, wie wir gearbeitet haben. Aber" – und das ist etwas Entscheidendes – „ich höre jetzt meine Lieblingsmusik auch anders, viel differenzierter, viel genauer und ich bin auch bereit, wenn ich etwas höre, was ich erst gar nicht verstehe, trotzdem zunächst einmal zuzuhören."

Es ist aus der Kinderperspektive für die Nachhaltigkeit ganz wichtig, dass die Lehrer bei diesen Projekten genauso viel lernen, ebenso auch die Künstler. Alle lernen bei diesen Sachen. Und auch bei uns[49] war es oft so, das muss ich zugestehen, dass die Lehrer nachher wieder ihren ganz gewöhnlichen Unterricht gemacht haben, wenn es nicht gelungen ist, sie selber für diese Art von Musik zu interessieren. Dies läuft aber oft nicht über die Musik selber, sondern über die Kommunikation zwischen dem Künstler und dem Lehrer. Es führte dann dazu, dass sie angefangen haben, in andere Konzerte zu gehen, oder überhaupt wieder in Konzerte zu gehen.

Matthias Schwabe: Gut, dass du gerade über das Hören von zeitgenössischer Musik redest. Aber wichtig für die Schüler ist doch vor allem das Gefühl: Das kann ich selber machen! Denn die Hörerposition nehmen wir ja ständig ein. Demgegenüber ist meiner Meinung nach eine wichtige Stärke des Arbeitens mit Improvisation, dass die Schüler merken: „Ich bin nicht zum Hörer-Dasein verdammt. Denn ich fühle mich in der Lage, selbst solche Musik zu gestalten."

HS: Das ist noch ein weiter Schritt, glaube ich. Es ist nach nur einem Projekt nicht unbedingt so, dass jeder einzelne das Gefühl hat, ich kann selber Musik machen. Es ist ein Anfang. Es ist ein guter Input. Wichtig wäre schon, dass es eine Fortsetzung gibt, ob das im Rahmen von Schule ist, was natürlich wünschenswert wäre, oder in einem anderen Kontext. Aber da fehlt oft der Raum, in dem Kinder woanders Musik machen können.

Was wir in unserem Projekt in Österreich nicht geschafft haben, und das wäre für mich schon ein wichtiges Anliegen, ist, dass unsere Instrumentallehrer besser ausgebildet werden. Vor allem seit ich an der Musikhochschule unterrichte, bekomme ich mit, was unsere Instrumentallehrer, die zukünftige Instrumentallehrer ausbilden,

---

[49] Gemeint ist das österreichische Schulprojekt „Klangnetze", das Hans Schneider im Symposium ausführlich darstellte.

unterrichten. Das ist die Katastrophe! Ich übertreibe etwas. Aber im Grunde ist es so: Die Schule kann nicht alles leisten. Viel mehr müsste getan werden, dass ein Kind auch an der Musikschule die Möglichkeit hat, diese Art von Musik zu machen, ob in einer Gruppe oder im Einzelunterricht. Das geht an den meisten Musikschulen überhaupt nicht. Dort müsste angesetzt werden. Dort müsste noch ganz, ganz, ganz viel gemacht werden. Da bin ich sehr skeptisch, was in den Hochschulen passiert. Auch wenn es positive Tendenzen gibt.

Klaus Emrich[50]: Noch einmal zurück zur Nachhaltigkeit beim Hören: Was wir mit den Kindern in der Schule gemacht haben, hat ihnen durchgehend Spaß gemacht. Das heißt aber noch lange nicht, dass sie sich jetzt zu Weihnachten so eine CD wünschen. Sondern sie hören weiter ihre übliche Musik. Und ich denke, man muss erstmal begreifen, dass das zwei unterschiedliche Prozesse sind.
Ich will aber jetzt als Lehrer noch etwas sagen. Welche Voraussetzungen muss ich eigentlich als Lehrer mitbringen, um das unterrichten zu können? Meine eigene wichtigste Voraussetzung ist, dass ich seit ungefähr dreißig Jahren etwas merkwürdige Musik höre. Ich höre auch öfter hier Konzerte. Das ist meine Musik hier. Ich kann zum Beispiel nicht zu einem Kollegen sagen: „Jetzt mach das doch mal!", der zu dieser Art von Musik keine Verbindung hat. Das ist eine ganz wichtige Voraussetzung, die kann man auch nicht forcieren, indem man sie bei der Lehrerausbildung fordert. Das ist das eine. Das andere ist: Ich bin ein deutscher Beamter, stehe unter gewissen Zwängen und die vereinbaren sich nicht so ganz mit dieser Improvisationsgeschichte. Ein ganz einfaches Beispiel: Ariel und ich haben ja zusammengearbeitet. Da Ariel nicht Deutsch spricht, war ich sein Übersetzer. Nun gab es organisatorische Schwierigkeiten und da kam von der Schulleitung der Vorschlag: „Lass das doch die Englisch-Kollegin übersetzen, die kann ja auch Englisch." Hm, okay, die kann vielleicht Englisch, aber, tut mir leid, das reicht nicht!

MS: Das ist ja eine sehr spezielle Situation. Aber stell dir vor, es würde uns gelingen, eine Ausbildung für Musiklehrer auf die Beine zu stellen, die auch ein Musikstudium haben und einen musikalischen Hintergrund, und die sich hier ganz intensiv mit improvisierter Musik beschäftigen dürften. Das wäre zumindest ein Wunsch von mir, ein Zukunftstraum. Angenommen wir hätten eine erste Gruppe von zehn Lehrern hier in Berlin, die gern mit ihrer Klasse improvisieren würden? Würde das dem, was Schule eigentlich ist, widersprechen? Würden sie Probleme bekommen? Oder denkst du, das passt eigentlich ganz gut in die Schule?

---

[50] Zur Person siehe S. 161

KE: Ich denke, das ist von Schule zu Schule unterschiedlich. Die andere Sache ist: Improvisation ist auf der einen Seite Freiheit. Man kann also nichts richtig und nichts falsch machen. Das kriegen auch die Kinder mit, die das so empfinden.

Aber da gibt es natürlich auch einen Widerspruch. Ich bin ja auch Mathe-Lehrer und Deutsch-Lehrer. Und als Ariel gestern sagte, vier plus vier ist zehn, musste ich halt eingreifen als Mathe-Lehrer. Der Improvisator kann das so stehen lassen.

Dazu kommt, dass Improvisation vielen Lehrern auch Angst macht. Da ist dann die Frage, was bei einer Ausbildung in Improvisation herauskommt. Bekomme ich jetzt hier ein Papier, wo drauf steht, was ich morgen im Musik-Unterricht machen kann? Nein? Also war es ein bisschen überflüssig, dass ich zwei Tage hier war.

Und dazu kommt die Zusammenarbeit mit einem Künstler, der das alles mitbringt. Da gibt es auch Konkurrenzen. Deshalb ist es wichtig, dass die beiden ganz eng, was wir ja auch gemacht haben, ganz eng zusammen kommen. Das funktioniert nicht mit jeder Person.

MS: Das war bei euch beiden optimal. Aber wenn du an deinen Auftrag als Musik-Lehrer denkst, würde es da reinpassen, improvisatorisch zu arbeiten? Oder müsste man dafür den Lehrplan völlig ändern?

KE: Also an der Grundschule hab ich schon viele Möglichkeiten. Und was den Lehrplan betrifft: Ich mache, was ich für richtig halte, und kann das schon irgendwie so begründen, dass es passt.

MS: Also: man kann es machen. Gut, klare Antwort!

KE: Ja, wenn ich das will, dann mach ich das!

RG: Ich möchte zum Thema Unterricht und zum Thema, in die Schule gehen, etwas sagen. Da hat es sicherlich auch bei den Kolleginnen, die hier mitgemacht haben, einen großen Mut gegeben, das zu tun. Aber es hat auch gewisse Ängste und auch Verwirrung ausgelöst, mit großen Gruppen zu arbeiten, plötzlich in der Schule mit einer Klassenstruktur zu tun zu haben, mit einem anderen Gebäude, mit einer anderen Organisation und vor allen Dingen gab es das Thema „Störung". Wie funktioniert eigentlich improvisatorisches Lernen oder Improvisation machen unter dem Gesichtspunkt, dass wir mit Schülern zu tun haben, die jetzt nicht per se sofort sagen, das ist mein Thema und da möchte ich mitmachen, sondern die das auch auf eine gewisse Weise von außen herangetragen bekommen und es an sie herangebracht wird.

Nathalie Schock[51]: Mich beschäftigt das Thema „Nachhaltigkeit" sehr.
Ich habe Schulmusik und Instrumentalpädagogik studiert und hatte in beiden Ausbildungen keine Improvisation. Daher hat es mich auch gewundert, hier zu hören, dass das im Lehrplan steht. Ich bin in einer Musikakademie als Bildungsreferentin tätig. Wir bieten auch Improvisations-Weiterbildungen an, und zwar sowohl für Lehrkräfte an allgemeinbildenden Schulen als auch für Instrumental-Pädagogen. Diese Weiterbildungen sind absolut schlecht besucht, obwohl sie von sehr guten Dozenten durchgeführt werden und sehr preisgünstig sind. Da stellt sich die Frage: warum? Woran liegt es? Es gibt hier tolle Möglichkeiten und tolle Partner, die tolle Projekte machen. Ich habe selber sehr viel improvisiert mit allen meinen Schülern und dem Chor, den ich sieben Jahre geleitet habe. Am Anfang war es immer schwierig, Schüler und Sänger für die Improvisation zu begeistern. Doch mit der Zeit und dem Zuwachs an Erfahrungen und meiner Begeisterung dafür, entstand bei ihnen eine ganz große Liebe und Freude an Improvisation, am liebsten wollten sie sogar das Publikum einbeziehen. Das heißt, dass erstmal eine große Hemmschwelle besteht zu improvisieren, gerade auch weil ein falsches Bild und „schlechtes" Image über Improvisation existiert. Die Bereicherung und Möglichkeiten, die methodisch gut eingeführte Improvisation für Unterricht und Schüler beinhalten, müssten stärker in der Kommunikation deutlich werden, um das schlechte und falsche Bild über Improvisation zu verändern. Improvisation hat ein ganz schlechtes Image. Es gibt viele Elemente, zum Beispiel zeitgenössische Musik oder „willkürliches Tönen", die unter Improvisation subsumiert werden. Außerdem ist für viele Lehrkräfte nicht klar, wie sie Improvisation in den Unterricht einbinden könnten. Da fehlt es wirklich auch an Ideen.
Die, die gar keine Lust haben auf Improvisation, sagen: „Das klaut mir eigentlich meine Zeit, ich hab so viele Dinge zu erledigen, ich habe einen Lehrplan..." Dies bedeutet, dass sie den Mehrwert nicht erkennen und führt wieder zu der Frage nach dem Image, nach dem Verständnis dafür, was Improvisation ist und ihnen und den Schülern bringen kann. Ein weiteres negatives Image oder Vorurteil ist, dass Improvisation nicht wirklich Musik sei, sondern sinnlos und beliebig. Darauf sollte man Antworten geben: Wo hört die Beliebigkeit auf, und was bringt die Improvisation mir und meinen Schülern?
Jetzt haben wir hier so viele Vertreter aus den Schulen und von euch aus dem *exploratorium*. Könnte man nicht mit all diesen Vertretern – auch aus den Musikschulen und Hochschulen – so etwas wie ein Netzwerk entwickeln und gemeinsam daran arbeiten, zu verdeutlichen, wohin die Einbeziehung von Improvisation führen kann und inwieweit sie hilft die Musik, Ausdruck und die Qualität sogar zu entwickeln? Und noch ein Gedanke: Wenn man ein Projekt macht wie bei euch oder bei den

---

[51] Bildungsreferentin an der Landesmusikakademie Berlin

Klangnetzen, inwieweit wird die Schule als Ganzes überhaupt eingebunden, also das ganze Kollegium? Was wissen andere Lehrkräfte und Schüler über Improvisation? Könnte man solche Projekte mit Künstlern nicht als gesamtschulische Highlights präsentieren, als strahlende Sonnen?

Ariel Shiboleth[52]: Mir kam ein Gedanke nach dem gestrigen Tag und nach Hans' Ausführungen über Kontinuität. Ich habe mit der Klasse von Klaus die Erfahrung gemacht, dass wir uns zweimal je eine Woche lang getroffen haben mit unterschiedlichen Resultaten – und nun hört es auf. Es bleibt als Erfahrungsblase, die an sich wichtig genug ist, die aber weitergehen und Menschen beeinflussen könnte. Nach unseren Gesprächen gestern habe ich darüber nachgedacht, was es für Möglichkeiten gibt. Und eines der Probleme, die dabei auftauchen, ist, dass wenn man Profimusiker oder Improvisationsmusiker als Lehrer nimmt, sie im Allgemeinen nicht dazu in der Lage wären, Improvisation zu unterrichten. Es ist sehr schwer und wenn es passiert, dann macht jeder wieder etwas ganz anderes.

Worauf ich gestern gekommen bin, ist, dass die Intention jeweils so unterschiedlich ist. Ich denke, es ist großartig, was hier passiert ist und was wir gestern oder letztes Jahr hier hatten. Ich rede nicht über Resultate und wie wir sie erreicht haben, aber die Absicht dahinter ist so unterschiedlich. Ich finde, wir können kaum über ein und dasselbe Thema sprechen. Unsere gestrigen Gespräche haben mich einigermaßen frustriert. Wir haben über ein und dasselbe geredet, aber Tatsache ist, dass jeder von uns mit seiner Arbeit eine andere Richtung anpeilt. Wenn wir darüber reden, wie Improvisation oder improvisierte Musik angeleitet oder beigebracht werden kann, stellt sich die Frage, ob wir improvisierte Musik unterrichten wollen oder ob die Intention auf Musiktherapie abzielt. Beide Intentionen sind wertvoll. Wenn du Musiktherapie im Sinn hast und wir uns in einem Symposium oder in einer Gruppe mit Hans zusammensetzen, wo es darum geht, wie man improvisierte Musik anleitet, dann ist es nicht mehr dasselbe Seminar. Das muss geklärt werden: was ist unsere Absicht? Es ist nicht so, dass ich denke, eines davon sei schlecht oder schlechter als das andere oder unbedeutend. Was ist unsere Absicht? Wir können darüber diskutieren und reden, was der beste Weg ist, improvisierte Musik anzuleiten – aber wenn die Motivation eine unterschiedliche ist... Wenn 60% unserer Intentionen übereinstimmen, dann ist es ok denke ich. Aber ich finde, das sollte nach Prioritäten geklärt werden.

Und das zweite worüber wir sprechen sollten, betrifft etwas Praktisches, was Schulen angeht. Das hat mit Kontinuität zu tun. Es gab einen Unterschied in der Art, wie wir darüber nachgedacht haben, wie Ziele angegangen werden, die einen sozialen Charakter haben und solche, die das Erreichen von musikalischer Qualität anpeilen.

---

[52] Zur Person siehe S. 163 f.

Dieser Unterschied betraf auch die Vorgehensweise Und wenn es um soziale Aspekte ging, geschah das auf Kosten der Musik oder der musikalischen Qualität.

Wenn man in der Schule musikalische Qualität erreichen will, dann müssen gewisse Dinge gelehrt werden, weil man anders nicht dahin gelangt. Ich persönlich kann nicht glauben, dass eine Nachhaltigkeit geschaffen werden kann, ohne die Lehrer mit einzubeziehen. Darüber müssen wir sprechen. Nehmen wir Klaus Emrich als Beispiel: sein Musikunterricht hat eine sehr hohe Qualität, daher kann er improvisierte Musik anleiten. Die Frage aber bleibt, wie wir in der Schule mit den Lehrern zusammen arbeiten können, die keine musikalische Ausbildung haben, aber dennoch Musik unterrichten sollen.

Claudia Hartmann[53]: Wir haben uns gestern schon mit Ariel über dieses Thema unterhalten. Was er über Intention sagt und über die Haltung, die ich habe, über das Ziel, wohin ich möchte, das ist mir auch aufgefallen. Wenn ich improvisiere oder ich Improvisation unterrichte, muss ich in meinem Team darüber sprechen, was das für uns bedeutet.

MS: Das wirft ja auch die Frage auf: Ist die Improvisation eine Methode oder ist sie ein Ziel?

RG: Mit dem Standpunkt, die Musik zu fokussieren, ist eine gewisse Strenge in die Diskussion eingeführt worden. Das hört sich an, als hätten das eine und das andere nichts miteinander zu tun, als würden sich die verschiedenen Möglichkeiten gegenseitig ausschließen. Aber ich denke, in der Unterrichtspraxis wird man beides miteinander kombinieren.

Sibylle Recke[54]: Ich sehe hier als Grundschullehrerin ganz viele Fäden. Ich habe selber Kunst und Darstellendes Spiel studiert. Ich möchte eigentlich eine improvisierende, Fächergrenzen mischende, ästhetische Bildung in der Grundschule. Ich denke, die Bildung in der Grundschule verläuft nicht an Fächergrenzen entlang.

Ich würde für mich niemals sagen, dass ich als Voraussetzung, um überhaupt ein Projekt in der Grundschule machen zu dürfen, in meiner Freizeit immer bestimmte Musikstile hören müsste. Mich interessieren die Stille, die Neugierde, offene Prozesse, wie entwickeln wir etwas als Team, wie reagieren wir auf eine Gruppe, die schon da ist. Für mich heißt Improvisation: Präsenz haben, sich auf etwas einlassen, neugierig

---

[53] Zur Person siehe S. 162

[54] Klassenlehrerin der Klasse A2 an der Lenau-Grundschule und als solche Projektpartnerin des von Esther Anne Adrian und Matthias Schwabe beschriebenen und geleiteten Projektes

sein. Das finde ich auch in poetischen Formen. Es gibt in dieser Hinsicht eine sehr schöne Tradition im Rahmen des Studiengangs Musisch-Ästhetische Erziehung an der UdK[55].

Ich wehre mich dagegen, dass das Projekt von Ariel und Klaus das Ideal wäre oder sein könnte, oder überhaupt der Maßstab. Es ist schön, dass es das gibt. Ich muss aber nicht vierzig Jahre eine Musik hören, die die beiden nun bevorzugen, um zu improvisieren. (Heiterkeit im Publikum). Ich finde, es geht dabei auch mehr darum, auf das einzugehen, was ich vorfinde. Das sind ja ästhetische Prinzipien, die nicht nur in der Musik gelten.

Es existiert bisher noch nicht viel Alltagspraxis mit verflüssigenden, ästhetischen Verfahren im Bereich der Musiklehrerschaft. Da gibt es für die Grundschule oft zu strenge Fachfixierungen, was ich sehr schade finde. Ich halte es für ganz problematisch, als Brennpunkt-Grundschule zu sagen: Ja, jetzt wollen wir alle diese Kinder an die Musikschulen kriegen. Das ist genau die soziale Entmischung, die ich nicht will. Mir erscheint das keine Lösung zu sein, weil die Musikschulen für viele prekär lebende Kinder viel zu teuer sind.

Ich hab auch schon bei anderen Projekten wie *Querklang*[56] mitgemacht, und ich habe festgestellt, dass daraus nichts an Nachhaltigkeit für die Kinder entstanden ist. Das heißt nicht, dass ich so ein Projekt prinzipiell kritisieren will, wohl aber seine Zeit- und Aufführungsformen. Dadurch entsteht in meinen Augen zu früh eine Fixierung auf die Wirkungsästhetik. Da besteht die Gefahr, dass so eine spezialisierte Eventkultur erzeugt wird, diese hält ja immer mehr Einzug durch die Kaputtsparungen der Schulen. Ich würde sagen, als Bildungsziel, also positiv formuliert, brauchen wir Improvisation, weil ich glaube, wir leben in einer problematischen Welt, in der die Menschen lernen müssen, aus Vorgefundenem viel zu machen. Und überhaupt aufmerksam zu werden für das, was in der Welt ist.

Ich habe mit immer mehr Kindern zu tun, die überhaupt nichts richtig ästhetisch, sinnlich wahrnehmen können. Was mir gestern so gut gefallen hat, ist diese sinnliche Ebene der Improvisation, dieser physische Akt des Klanges und der Objekte, dass eine Präsenz bei allen erzeugt wird, jenseits von messbaren Lernzielen. Durch den outputfixierten Messbarkeitsterror in der Bildungslandschaft hat es Improvisation ja auch immer schwerer. Für mich ist der Glücksfall der Improvisation, dass sich ästhetische Fächergrenzen aufheben und Verflüssigungen entstehen, die sich dann in einer sozialen Plastik spiegeln. Ich möchte in der Grundschule, zumindest in den ersten Schuljahren dringend raus aus der Enge von Fächertrennungen und Zeitgrenzen. Kinder sind nicht so! Das sind in der Kultur lang entwickelte Fachgrenzen und Speziali-

---

[55] Universität der Künste in Berlin

[56] Von der Universität der Künste initiiertes Projekt für experimentelles Komponieren mit Schulklassen

sierungen, die einem kindlichen Lernen gar nicht entsprechen sondern es unproduktiv, statisch und sinnentleert machen.

Angelika Schall[57]: Ich möchte gerne eine Beobachtung einbringen, die mich schon seit Jahren beschäftigt. Kinder bekommen Stifte und Papier in die Hand, schon wenn sie klein sind, und können malen, ohne dass jemand sagt, was sie malen sollen. Es hat sich eine ganze Psychologie dazu entwickelt, was das Kinderbild aussagt und wie wichtig es ist. Kinder spielen auch Theater, sie verkleiden sich, spielen dies und jenes. Und was ist mit der Musik? Traditionell singt die Mutter und die Kinder später vielleicht auch, aber selbst das hat sich total verflüchtigt. Diese Kultur gibt es kaum noch. Und jetzt das Projekt von Jule Greiner[58], den Kindern einfach mal Raum und Möglichkeiten zur Verfügung zu stellen und zu schauen, was die damit machen. Das finde ich sehr wichtig, das heißt für mich Improvisation. Vielleicht kann man das als Haltung bezeichnen. Improvisation ist eigentlich das, womit man beginnt. Und daraus entwickelt sich später die Form, in der es Harmonien, Rhythmus und Melodien gibt.
Ich hatte das Glück, das mit einer ersten Klasse ausprobieren zu dürfen und die Kinder haben sich genauso wie Jules Kinder überhaupt nicht darum gekümmert, ob es schön klingt, also für unsere Ohren schön klingt. Aber wenn man diese Gesichter gesehen hat, dann war das schön für sie. Die haben sich mit ihrem Instrument beschäftigt, sind richtig eingetaucht in irgendeinen Klang.
Die Entwicklung des Musikalischen, denke ich, geht aus dem Experiment hervor. Aus dem Selbermachen, aus den Klangerfahrungen!

Jule Greiner[59]: Ich möchte Sybille ein bisschen widersprechen. Einerseits ist es gut, wenn wir nicht Fächer abgrenzend unterrichten. Trotzdem ist für mich ganz wichtig, dass die Qualität, die ein studierter Musiker einbringt, deswegen nicht verwaschen wird. Oder gar durch Zusammenlegung von Fächern die Musik auch ganz wegfallen kann.
Ich bin öfter in einem Musik-Kindergarten. Da probt beispielsweise das Artemis-Quartett im Keller, das nach dem Proben eben mal einen Satz aus einem Beethoven Streichquartett vorspielt. Und dann sitzen da zwei bis sechsjährige Kinder und lauschen. Sie hören sich das Stück an und zappeln nicht mehr als Erwachsene in der Philharmonie. Die hören zu und sagen „Wow!"

---

[57] Zur Person siehe S. 163

[58] siehe nächste Fußnote

[59] Professorin für Elementare Musikpädagogik an der Fachhochschule Osnabrück. Sie stellte beim Symposion ein Projekt vor, in dem erforscht wird, wie Kinder selbstständig musikalische Erfahrungen machen.

Die Qualität, die ein Künstler mitbringt ist etwas ganz wichtiges. Und du hast völlig recht, Angelika, wenn du sagt, die Improvisation, das selber Tun, das können wir durch nichts ersetzen. Aber mit solchen Vorbildern gibt man ihnen die Möglichkeit, etwas Wunderbares kennen zu lernen und in sich aufzunehmen. Das ist für mich nicht wegzudenken. Aus Eindruck wird Ausdruck. Ich fand es wirklich sehr schön, was Michael am Ende solistisch gespielt hat[60]. Was da klanglich herauskam, das war toll. Aber auch er hatte ein wunderbares Vorbild nämlich was die Haltung kleinster musikalischer Äußerungen gegenüber angeht. Entscheidend ist die Mischung aus künstlerisch hoch qualifiziertem Vorbild und eigenem Improvisieren. Ich kann nicht aus nichts heraus improvisieren.

Patricia Book[61]: Ich möchte darauf hinweisen, dass alle vier Lehrer, die hier teilgenommen haben, keine studierten Musiklehrer sind. Ich habe Bildende Kunst und Englisch studiert. Und ich wünsche mir vielleicht auch deshalb, weil ich nicht studierte Musikerin bin, Profis in der Schule. Ich bin auf eigenen Wunsch vor vier Jahren an die ehemalige Freiligrath-Haupt-und Realschule gegangen, jetzt 10. ISS. Denn dort gibt es das Konzept, dass ein Profi, in unserem Fall der Musiker, jede Woche für vier Stunden in die Schule kommt.
Und um noch einmal zurück auf die Nachhaltigkeit zu kommen: Meine Schüler haben hier in diesem Projekt etwas gelernt, was wir an den Schulen so nicht realisieren können und was mir sehr wichtig ist. Dass sie, obwohl sie kein Instrument „können", trotzdem Klang erzeugen können und Resonanz. Dass sie Ressourcen finden, die auch weiter tragen, und nicht nur soziales Lernen, sondern Selbstvergewisserung über Musik erfahren. Ich wünsche mir, dass es so ein Projekt weiter gibt, auch wenn es nur einmal im Jahr ein paar Tage sind.
Noch etwas zu unserem „Dritten" – so nennen wir den Profi, der in die Schule kommt und uns zwei Lehrer ergänzt. In unserem Fall ist das ein Sänger und Gitarrist, mit dem ich jetzt das dritte Jahr arbeite. Dieser „Dritte" ist eine wichtige Stütze, wenn zum Beispiel ein Mädchen ein Solo singen will und sich noch nicht traut, aber zu ihm sagt: „Ich singe erstmal mit dir mit." Das würde sie mit mir nicht machen und auch nicht mit irgendwem anders. Der Fakt, dass er jede Woche in die Schule kommt, und zwar nicht nur ein paar Wochen lang, sondern immer wieder, lässt eine Beziehung entstehen. Und das, was hier zwischen den beiden ist (weist auf Klaus Emrich und

---

[60] Michael spielt in einem Videoausschnitt aus dem Projekt von Ariel Shibolet eine dreiminütige Soloimprovisation auf einem Saiteninstrument.
[61] Lehrerin an der 10. Integrierten Sekundarschule Bergmannstraße, Leiterin der dortigen Arena Musik und als solche Projektpartnerin in dem von Karin Meesmann beschriebenen und (gemeinsam mit Susanne Köszeghy) geleiteten Projekt.

Ariel Shibolet), und was über die Sprache auch weitergegeben wird, das hat was mit Vertrauen und Beziehung zu tun und das ist das, was diese Projekte trägt. Das heißt, wir brauchen die Wiederholung von solchen Projekten. Ob das jetzt Improvisation oder etwas anderes ist – wir können ja in Berlin die ganze Welt erleben und in die Schule holen. Mir ist wichtig, dass sich so etwas wiederholt und dass diese persönliche Beziehung, die da entsteht zwischen dem Musiker und dem Schüler, ernst genommen wird. Ohne Beziehung kann man nicht Musik machen. Es braucht ein Vertrauen, sich zu zeigen und zu improvisieren. Wenn ich mich aufgehoben fühle, kann ich das Innere auch nach außen kehren und das finde ich auch bei improvisierter Musik.

Also mein Wunsch wäre, dass Ihr vom exploratorium im Ganztag einen Raum anbietet. Und dann können die Schüler, die Lust haben zu improvisieren, kommen. Es wird eine Koordinatorin geben, die das organisiert, und es gibt Geld dafür. Das ist für die Schüler völlig freiwillig und ohne Benotung, aber auf dem Zeugnis vermerkt. Und es könnte dann im rhythmisierten Ganztag vormittags oder nachmittags sein. Regelmäßig. Das wäre mein Wunsch.

RG: Es ist sehr spannend, verschiedene Aspekte der Nachhaltigkeit auf eine so positive Weise dargestellt zu bekommen, wie Du das gerade gemacht hast.

David Dove[62]: Ich bin ein Improvisationsmusiker aus Texas, habe seit etwa elf Jahren eine Organisation und übe seit etwa 15 Jahren mit jungen Menschen eine Lehrtätigkeit aus. Hier wurde über Nachhaltigkeit gesprochen und das ist der Grund, warum ich bei dieser Tätigkeit gelandet bin. Wir arbeiten wöchentlich mit etwa 150 Kindern in 16 verschiedenen Kursen. Das sind in einem Jahr etwa 1500 Kinder in Unterkünften, Flüchtlingslagern, öffentlichen Schulen und Treffpunkten, wohin Kinder unterschiedlichster Herkunft kommen, alle Altersstufen. Ich möchte zusammenfassen, dass ganz allgemein gesprochen unser gemeinsamer Bezugspunkt die uns verbindende Intention ist, dass wir alle Kinder lieben. Und deshalb befinden wir uns alle zusammen in diesem Gespräch. Wir alle wollen Dinge entdecken, die für sie wertvoll sein könnten, als Individuen und als Teil unserer Gesellschaft. Wenn ich einen Schritt zurück trete und mir das ganze Bild anschaue, nicht als schulinterne Person, nicht als Künstler, der kein Lehrer ist und nicht als Lehrer, der kein Künstler ist oder auf welche Art wir uns sonst noch präsentieren – wenn wir einfach alle einen Schritt zurück treten, können wir sagen: wir lieben Kinder und wir alle erkennen an, dass die Improvisation, über die wir sprechen, etwas sehr wertvolles für sie sein könnte. Daher

---

[62] David Dove hat in Houston/Texas das von ihm in diesem Text beschriebene Projekt *nameless sound* gegründet.

möchte ich unter dem Aspekt der Höflichkeit über diese Idee sprechen, diese Idee, den Kindern die Musik nahe zu bringen, ungeachtet dessen, wo dies geschieht.

Meine Organisation hat eine Belegschaft von 5 Lehrern, und sie sind alle Musiker. Ein wenig wie hier, wo wir in einer Runde von Lehrern zusammen sitzen und darüber reden, wie Lehrer die Improvisation angehen könnten. Ich betrachte das Ganze von einem künstlerischen Standpunkt aus. In meiner Organisation unterrichte ich die Musiker in kindlicher Entwicklung und bringe ihnen bei, mehr wie ein Lehrer zu denken ohne das andere zu verlieren. Ich glaube, dass wir wirklich beides brauchen. Ich lasse den Begriff Lehrer ziemlich offen, weil ich erst nach einer 5-jährigen Zeit als Lehrer diesen Begriff für mich selber akzeptiert habe. Ich sehe mich nicht wirklich als Lehrer, sondern vielmehr das Lehren als Teil dessen, was ich tue. Ich verstehe mich selbst als Künstler, dann sehe ich das Klassenzimmer und sage: Okay, unterrichten ist ein Teil dieses Prozesses. Ich denke, wir müssen uns die Künstler vornehmen und ihnen beibringen, wie sie sich in diesen Kontext einbringen. Und ich weiß, dass das eine Frage der Ökonomie ist und auch eine kulturelle Frage. Noch etwas, was ich über Künstler zu sagen habe, insbesondere Künstler, die mit Improvisation zu tun haben, ist, dass diese Menschen absolut leidenschaftlich sind in dem, was sie tun. Sie leiden Hunger, um es zu tun, sie verlieren ihren Schlaf, um es zu tun, sie verlieren sogar ihre Familien, um es zu tun. Das ist die Sorte Mensch, die in Frage kommt, wenn jemand gefunden werden soll, der es tut.

Der Erfolg unserer Organisation liegt darin, dass wir unsere eigene Finanzierung gefunden haben. Wir kommen ganz und gar von außen. Also brauchen wir uns nicht an die Klassenstufen anzupassen und auch nicht an den Stundenplan. Alles was wir brauchen ist, da hinein zu gelangen. Also sieht das größere Bild so aus: Wir lieben diese Kinder und wir wollen ihnen das wirklich bringen. Und es gibt jede Menge Raum, das zu tun. Ihr lebt in Berlin. Wahrscheinlich ist das die lebendigste und aktivste Stadt der Welt für Improvisationsmusiker. Wir haben so viele interessante Musiker mit unterschiedlichen Blickwinkeln. Und ich denke, wir müssen darüber sprechen, wie Kinder und Künstler zusammengeführt werden.

Wir reden über geringfügige Unterschiede unter den improvisierenden Musikern. Wir reden nicht davon, jemanden vom Symphonieorchester zu holen, weil das Besondere an der improvisierten Musik ist: Jede Person hat ihren eigenen Zugang. Das ist das fundamentalste daran. Ich stehe nicht alleine da vor den Kindern. Ich bringe immer jemanden von außen mit. Ich spiele mit meiner Trompete auf meine Art, jemand könnte herein kommen und ein Schlagzeuger sein, jemand anderes könnte dazukommen und Computermusik machen. Das Grundsätzliche in dieser Community – Improvisation nicht als eine Handlung, sondern als eine Community – in dieser improvisierenden Community ist, dass jede Person ein eigener Typ Musik ist. Jede Person ist vollständig ein Individuum. Man kann als Hintergrund das Konservatorium haben,

man kann Autodidakt sein, man kann Noisemusik machen, man kann vom Jazz kommen, man kann einen klassischen Hintergrund haben, man kann vom Rock kommen oder von nichts von all dem. Der Extrakt, den die Improvisationsszene der Welt der Kunst im Allgemeinen bringt, ist, dass wir alle Individuen sind mit einer Virtuosität im Hören. Das ist uns allen gemeinsam. Und dieses Gespräch über die Absicht, „was ist die Absicht"…Die verbindende Absicht ist, dass wir keine verbindende Absicht haben. Ich kann spielen und wir können zusammen ein Konzert spielen mit einer dritten Person und dabei völlig verschiedene Vorstellungen darüber haben, wie dieses Konzert war: Es war brillant, es war Scheiße, ich habe den Teil geliebt, ich habe den Teil gehasst! Darum geht es in dieser Musik. Wir brauchen darüber nicht übereinstimmen. Was wichtig ist: Gute Absichten – aber nicht dieselbe Absicht haben. Also, wenn wir hier sitzen und darüber sprechen „was ist unsere Absicht, was ist unsere Absicht", werden wir es nie herausfinden.
Darum geht es. Und wir sitzen hier und beschweren uns, dass wir nichts Gemeinsames haben. Aber genau darum geht es.

Andreas Eschen[63]: Ich bin Dave dankbar für dieses Statement! Ich finde, das ist ein ganz wichtiger Gedanke. Was wäre die Qualität, wenn die Verschiedenheit fehlte. Was fehlte dann der Improvisation! Und insofern ist es gar nicht nötig, dass wir eine gemeinsame Absicht haben. Ich vermute, wenn wir zwei jetzt zusammen spielen würden (an Dave gewandt), würden wir doch gemeinsame Absichten entwickeln. Aber das wäre für einen Moment, es wäre überhaupt nicht schlimm, wenn sich beim nächsten Mal wieder ganz andere Absichten entwickelten und wieder ganz andere Dinge in den Fokus rücken ließen.
Ich sehe die Diskussion, die wir hier hatten, auch nur als ein Hervorheben von zwei Gesichtspunkten, von zwei Aspekten, durchaus nicht im Sinne von einer Alternative. Aber, ich sehe natürlich, dass jede einzelne Lehrerin und jeder einzelne Musiker ihre eigene Persönlichkeit und ihre eigenen Schwerpunkte einbringen. Etwas Schöneres kann man sich nicht wünschen. Es gibt zwei Extreme, die wir beide an diesen beiden Tagen sicherlich nicht erlebt haben: Das eine wäre ein Musiker, der sagt, das muss gute Musik sein, egal, was mit den Menschen passiert, die diese Musik „exekutieren". Das andere Extrem wäre einer, der sagt, es muss den Menschen nur Spaß machen, egal was musikalisch dabei rauskommt. Diese beiden Extreme, die kommen nicht in Betracht, und wie sich ansonsten, die sozialen, die persönlichen, die fachlichen Dinge mischen, das muss man jeweils sehen, das hängt einfach von den beteiligten Personen ab. Ich möchte allerdings auch ein Plädoyer für die Fachlichkeit halten. Weil ich

---

[63] Stellvertretender Leiter der Musikschule Tempelhof-Schöneberg sowie Klavierpädagoge mit Schwerpunkt Improvisation

denke, dass man die Menschen, mit denen man arbeitet, wirklich auch in die Lage versetzen muss, sich differenziert zu entwickeln. Also egal, ob es eine Sprache ist oder was auch immer, man braucht ein Instrumentarium, mit dem man sich differenziert ausdrücken kann. Das hat mit Fachlichkeit zu tun. Einen Blick dafür zu bekommen, dass die Fachlichkeit auch überwunden werden kann, dass man Anregungen aus den verschiedensten anderen Fächern bekommt, ist ganz wichtig, aber das Entwickeln eines speziellen Vokabulars, das sollte man sich nicht nehmen lassen.

Ich fand es enorm interessant, die Filmaufnahmen[64] zu sehen. Das ist einfach fantastisch, einfach mal hinzuschauen, hinzuhören: Was machen Kinder? Mit wie viel Interesse und Neugierde, mit welcher Intensität die sich auch um Dinge kümmern können, fantastisch! Aber wie wenig Kommunikation dabei war – für mich im Grunde erschreckend. Und da würde ich mir als Lehrer wünschen, dass der kommunikative Anteil viel stärker zum Tragen kommt.

RG: Ich würde jetzt gerne die Schlussrunde einleiten, die auf die Frage hingeht: Was wünschen wir uns für die Zukunft? Patricia hat ja schon angefangen. Wir können sagen: Solche Projekte müssen weitergehen! Wir können sagen, dass bestimmte Voraussetzungen dafür nötig sind, dass zum Beispiel Künstler in die Schule kommen, mit ihrem individuellen Instrumentarium, dass wir Improvisation dazu benutzen, sehr vielfältige Dinge zu verknüpfen. Für mich persönlich war interessant zu sehen, dass wir dringend eine intensivere Improvisationsforschung brauchen. Wir brauchen dringend mehr solche Leute wie Jule Greiner, die Fragen stellen: Warum tun die Kinder das, was sie tun? Warum tun wir als Lehrer das, was wir tun, als Improvisatoren? Wie läuft das, wenn Du möglichst viele verschiedene Standpunkte in die Schule bringen willst, wie kann man das beschreiben? Also, ich denke, vieles in dieser Hinsicht ist noch möglich und sollte von uns weiter verfolgt werden.

Stefan Roszak[65]: Ich möchte ein kleines Plädoyer halten für die Verschränkung von Form und Inhalt, weil sie mir nicht selbstverständlich erscheint. Ich glaube, dass in pädagogischen Prozessen Inhalte eine formale Entsprechung brauchen, um zur Geltung zu kommen. Das ist eine recht allgemeine These, und ich möchte damit an das anknüpfen, was Andreas Eschen gesagt hast.

Zunächst will ich betonen, dass ich ein Freund von Individualität bin. Überhaupt hat normative Gleichmacherei in unserer Arbeit nichts zu suchen. Trotzdem sollten wir uns fragen: „Wo betrifft mich das?". Und ich glaube, die Fragestellung (nach Form

---

[64] Gemeint ist das von Jule Greiner vorgestellte Forschungsprojekt

[65] Wissenschatlicher Mitarbeiter an der Universität der Künste Berlin in der Studienrichtung Musisch-Ästhetische Erziehung sowie pädagogischer Mitarbeiter bei *querklang*.

und Inhalt) betrifft uns alle. Es gibt zwar extrem viele Wege, die nach Rom führen, und jeder hat seine eigene Arbeitsweise und es wäre natürlich ein Jammer, wenn man diese Vielfalt gegeneinander ausspielte.

Dennoch halte ich die bewusste Verschränkung von Form und Inhalt in unserer Arbeit für sehr wesentlich. Bei den vielen Beiträgen und auch den Präsentationen gestern wurde deutlich, dass für gelungene Improvisation, für gelungene Improvisationsprozesse auch die Rahmenbedingungen sehr, sehr wichtig sind. Rahmenbedingungen, die mit der Musik eigentlich direkt gar nicht so viel zu tun haben. Diese Rahmenbedingungen betreffen tatsächlich alle, die musikpädagogisch arbeiten. Und darüber nachzudenken, finde ich sehr lohnenswert. Man kann vielleicht von weichen Faktoren sprechen. Ich will die hier auch nicht hart machen, als Standards oder so, wie das heute so üblich ist, aber ein wenig mehr zu Bewusstsein bringen, dass sie durchaus grundlegend sind. Ich werfe einfach mal einige Beispiele in die Runde: Der Raum, der leere Raum zum Beispiel, kam ab und zu hier zum Tragen. Zeit, die erforderlich ist in solchen Prozessen. Kommunikation zwischen den Lehrenden, zum Beispiel zwischen dem Lehrer, der mit ganz anderen Problemen zu kämpfen hat als der Künstler, der von außen reinkommt. Das ist ein ganz wichtiges Thema. Dies sich bewusst zu machen, enthält viel Konfliktpotential. Du hast darauf hingewiesen (deutet auf Hans Schneider), dass bei euch sogar Supervision nötig war. Ich finde, es ist wichtig, sich das genau anzuschauen und dieses Hinschauen auch zu professionalisieren.

Ich will damit auch über Wahrnehmung sprechen, die bereits Sibylle Recke ins Spiel gebracht hat, über ästhetische Bildung, Sinnlichkeit und Körperlichkeit. Gehören diese Aspekte in den Bereich der Propädeutik oder direkt zur Improvisation? Ist all das vorgeschaltet oder gehört es zwingend dazu? Die Wahrnehmungsschulung meine ich. Wir sollten eine Haltung entwickeln, die man vielleicht einen perfektionierten Dilettantismus nennen könnte. Sich die Welt aus einer anderen Perspektive anzuschauen, aus einer ästhetischen nämlich, das muss man ja erstmal lernen.

Ich denke, dass unsere Arbeit als Pädagogen selbst auch einem künstlerischen Gesamtanspruch genügen sollte, dass wir als Pädagogen, die wir ästhetische Bildung machen, unsere Methoden und unsere Prozesse selber in eine ästhetisch ansprechende Form gießen sollten. Denn alle, die an solchen Prozessen beteiligt sind, inszenieren sie auch gemeinsam, ähnlich wie Regisseure.

Für mich bleibt am Ende der Tagung die Frage übrig: Wie kommt die Improvisation in die Schule? Welche Perspektiven für Nachhaltigkeit kann man entwickeln? Und ich finde es hervorragend, daran anzuknüpfen und Ideen zu sammeln, wie es weitergehen könnte. Wie kann man sich vernetzen? In wie vielen Institutionen sind wir tätig? Kann das Symposion vielleicht eine Fortsetzung finden unter einer noch genaueren Fragestellung?

Reinhard Gagel

Gruppenkreativität – Performativität - Improvisation

Ich möchte in diesem Text auf freies *Improvisieren* und das künstlerische Schaffen aus einer *Gruppe* eingehen. Das Thema *Gruppenkreativität*, wie ich es verstehe, behandelt nicht die Methodik von Lerngruppen oder musikalische Lern- und Arbeitsformen im Unterricht. Meine Überlegungen gehen vielmehr von Forschungen aus, die sich mit den Erfahrungen von Jazzmusikern und Improvisationsgruppen mit dem Spielen in und dem Schaffen aus einer Gruppe befassen. Diese lassen sich auf die künstlerisch-pädagogische Arbeit mit Kindern, Jugendlichen und Erwachsenen übertragen. Dabei werde ich mich zusätzlich mit dem performativen Charakter des Improvisierens auseinandersetzen. Neue ästhetische Ansätze der *Performativität* verorten Kreativität unmittelbar im lebendigen Geschehen auf der Bühne und im unmittelbaren Zusammenspiel von Musikern und erweitern so die musikbezogenen Betrachtungen über das Schöpferische in der Gruppen-Improvisation. Unter diesen Aspekten will ich die bereits dargestellte praktische Arbeit reflektieren.

Gruppenkreativität und Improvisation

Autoren, die sich mit Gruppenkreativität beschäftigen[66], gehen davon aus, dass diese aus der Improvisation entsteht. Wegen ihres besonderen Charakters ist Improvisieren die ideale Aktionsweise: bei ihr geht es immer um den *Prozess*, aus dem etwas hervorgeht und die *Menschen*, die es erzeugen. Nicht von Skripten oder Partituren festgelegt zu sein, ermöglicht Spielern das Erfinden und Verbinden von Klängen zu jeweils eigenen Resultaten. Spielen sie nach Spielregeln, haben diese nicht Ergebnis- sondern Prozesscharakter – sie entfalten sich erst im tatsächlichen Spielen. Die Gestaltung von Klängen geschieht improvisierend, nicht nach Plan oder Absprache. Das meint vor allem, dass die beteiligten Kinder und Jugendlichen sich *frei* entscheiden können: sie können Klänge wann und wie sie wollen spielen. Wenn das in einer

---

[66] Ich beziehe mich vor allem auf Keith Sawyer: Group Creativity, New York Routledge 2003; Matthias Schwabe: Musik spielend erfinden, Bärenreiter Kassel 1992 und Reinhard Gagel: Improvisation als soziale Kunst, Schott Mainz 2010

Gruppe jeder tut, wenn sich die Klänge, Ideen und Aktionen kreuzen, dann wird eine Gruppe anregend. Die eigenen Vorstellungen werden herausgefordert, sie verbinden sich mit denen der anderen, sie werden zu etwas Gemeinsamem und man fühlt sich verbunden. Die Gruppe kann aber auch begrenzen: meine Idee wird nicht angenommen oder sie wird verändert – ich kann mein Eigenes nicht ganz ausleben, sondern muss etwas von den anderen heranlassen, ich muss vielleicht sogar meine Ideen verwerfen.

> *„Sowohl in den Kennenlern-Runden und im Zauberwald als auch in den Bewegungsteilen gab es Phasen, in denen sich die Kinder ganz frei aus sich heraus ausdrücken, d.h. Eigenes erfinden oder einfach drauflos spielen konnten.*
> *Zum Beispiel ließen wir die Kinder nach dem eigenständigen Wählen der Instrumente erst einmal frei ausprobieren. Das war natürlich eher chaotisch und kein Zusammenspiel, stillte aber die Neugier am Instrument und die Lust, Krach zu machen. Meist ließ es sich anschließend konzentrierter arbeiten und auch ins Lauschen kommen."* [67]

Dieses chaotisch Werden, weil jeder macht, was er will, ist in der beschriebenen Stunde bewusst angestrebt als Loslassen, Austoben als Warming Up, ist die eine Seite einer mit freier Improvisation arbeitenden Gruppe. Zu viele individuelle Klänge ergeben keine Musik. Wenn aber ein aufeinander bezogenes, den anderen wahrnehmendes Wechselspiel entsteht, dann kann eine Gruppe ihre eigenen Klänge und Strukturen selbst schaffen und durch das gemeinsame Spielen festigen und erweitern. Dann ist die Gruppe im Ganzen „ein Komponist". Dies wird als *Selbstorganisation* bezeichnet und auch beispielsweise in der Naturwissenschaft als der Motor von schöpferischen Prozessen - etwa im menschlichen Gehirn - angesehen. Wechselspiel ist dabei nicht nur als Ruf – Ruf oder Ruf – Antwort (im Jazz nennt man das call-call oder call-reponse) oder als Spiel – Echo (Imitation) zu verstehen. Eine Gruppe kann z.B. auch eine gemeinsame Lautstärke von laut zu leise und zurück verändern oder dasselbe mit dem Tempo tun oder aber klangliche Ereignisse produzieren, die sich im Charakter ähneln oder eine homogene Struktur bilden.

Beispiel: Die Spielregel *Landschaften raten* von Matthias Schwabe[68]. Man kann Landschaften dadurch gestalten, dass sich Klänge im Charakter so miteinander verbinden, dass sich eine Assoziation z.B. zu einer Ebene oder einem Wald einstellt.

Improvisieren in der Gruppe ist also ein Prozess, der von den Ideen und Handlungen, der Freiheit und (Selbst-) Begrenzung der in der Gruppe spielenden Musiker

---

[67] siehe S. 87 f.
[68] Schwabe 1992, S. 43

bestimmt wird. Weil nichts fest vorgeplant ist, weil niemand weiß, wie die anderen auf die eigenen Klänge reagieren, kann keiner voraussehen, was als nächstes kommt. Wie reagiert mein Nachbar an der Trommel? Wie reagiere ich auf ihn und was tut er dann wieder? Notierte Musik, eine Partitur regelt das: wir können ja eine Seite vorauslesen. Eine Gruppenimprovisation ist dagegen unvorhersehbar, oder sagen wir unerhörbar oder unvorherhörbar. Dennoch entsteht Musik: kurze oder lange Stücke, verschiedene Tempi, Rhythmen, Klänge, Lautstärken, ein Ende, etwas das sich anhören lässt. Also ist die Gruppe, wie schon gesagt, ein Komponist, aber nicht einer, der lange vorher nachdenkt und plant, sondern ein (nicht in Erscheinung tretender) Komponist in Echtzeit. Ein Begriff dafür, wiederum aus den Naturwissenschaften und der Philosophie entnommen, ist die *Emergenz*. Sie bezeichnet ein Ergebnis, das aus dem Handeln von miteinander in Beziehung stehenden Akteuren entsteht und dessen Resultate nicht vorherzubestimmen sind und unvorhersehbar auftauchen (emergieren). Ein bisschen wie ein Strudel im Wasser, dessen Kreisel wir an der Oberfläche wirbeln sehen und der sich mal bildet, mal nicht, der wandert oder verschwindet, ohne dass wir genau ausmachen können, welche Ursache das hat. Und vor allem nicht, woher plötzlich ein Stück Holz oder Abfall nach oben kommt. Damit haben wir ein weiteres Charakteristikum des Improvisierens benannt, die *Unvorhersehbarkeit*.

Emergente Resultate sind oft überraschend und sprunghaft. Auch für das Publikum. Man kann es auch beschreiben als : das Ganze ist mehr als die Summe seiner Teile[69]. Gruppenimprovisatorische Spielaktionen werden nicht logisch aneinandergereiht, methodisch aufgebaut, nach Prinzipien von richtig oder falsch verknüpft, sondern sie ergeben sich auseinander, können auch aus zufälligem Nebeneinander entstehen. Es gibt Forschungen über ungarische Volksmusik, in denen bestimmte Töne nur deshalb auftauchen, weil man da auf einem Instrument den Daumen ausruhen kann. Manchmal erklingt eine Musik nur deshalb, weil gerade eine besondere Konzentration herrscht, manchmal weil einem Musiker eine besondere Idee gekommen ist. Alles Dinge, die sich niemand „ausgedacht" hat, sondern die einfach „auftauchen". Dies führt zu Resultaten und Verfahren, die zu Beginn des Spielprozesses nicht voraussehbar waren – und bewirkt also genau das Neue, vorher Ungedachte oder Unerprobte, das kreative Prozesse auszeichnet.

Der Live Charakter – Musik als Performance

Improvisieren findet immer in einem zeitlichen Verlauf statt. Ein Stück ist kurz oder lang, es dauert 30 Sekunden oder 1 Stunde. Es ist echtes Handeln, es ist nicht Schrei-

---

[69] Ein anderes Wort für Emergenz ist deshalb auch *Übersummativität*

ben oder Konzeptionieren, das man verbessern kann, sondern es ist ein Handeln, das in einer dafür notwendigen Zeit stattfindet. Ein bisschen lässt sich das vergleichen mit dem Kochen: ein Ei wird in 4 Minuten weich. In fünf Minuten ist es hart. Zeit ist also für etwas verantwortlich. Eine musikalische Improvisation hat einen Anfang und ein Ende. Beide sind von den Spielentscheidungen der Beteiligten abhängig und markieren damit die Zeitspanne der jeweiligen Improvisation. Die Musiker entscheiden aber nicht einfach: So jetzt ist Schluss! Sondern sie warten solange, bis die Klänge das wollen, bis sie merken: Jetzt hat etwas genug geklungen. Wie aber kann ohne genauen Plan, ja oft ohne Vorbereitung aus dem Stegreif etwas entstehen? Man muss zusätzlich zur dargestellten *Emergenz* auch Umstände in Rechnung stellen, die durch den Livecharakter – manche Musiker nennen das *Echtzeit* - entstehen. Ein Fußballspiel entwickelt sich im Training anders als im Stadion. Man kann die Spielzüge auf dem Feld mit der Gruppenimprovisation vergleichen. Hier wie dort entfalten sich Kräfte im dynamischen Kontakt von handelnden Menschen – im Rennen und Freispielen und der Ballbehandlung der Fußballer ebenso wie im Erzeugen von Klängen und musikalischen Zusammenhängen. Fußball ist ein Spiel, Musikmachen in der Gruppe ist Spiel, beide entfalten sich als *Performance*, d.h. im Auftreten und Präsentieren auf einer Bühne, einem Fußballplatz oder auch im Klassenzimmer. Alle Spieler haben eine gesteigerte Aufmerksamkeit auf sich, auf die anderen und auf das, was die anderen tun und hervorbringen. Es ist vor allem die Konzentration oder *Präsenz* auf das was innerhalb einer Mannschaft oder Gruppe stattfindet, die den besonderen Charakter ausmacht. Präsenz ist die Qualität der Anwesenheit[70].

> *„Wir wollten das assoziative Spielen noch mehr als vorher betonen. Damit ist wohlgemerkt nicht das Imitieren von Klängen gemeint, sondern vielmehr die Anregung durch eine Atmosphäre, mit der die Kinder sich emotional verbinden können. Auf diese Weise kann „empfundene" Musik entstehen. Zudem lassen sich durch unterschiedliche Vorgaben Stücke mit unterschiedlichen musikalischen Charakteren entwickeln."*[71]

Dabei geht es vor allem um die sinnliche Wahrnehmung, d.h. die hör- und sichtbaren Aktionen und deren Nuancen und besondere Eigenschaften. So wird Aufmerksamkeit auf die Eigenschaft von Klängen (z.B. Klangfarbe), auf deren Spannung und energetischen Gehalt, auf die Klang-*Ereignisse* selbst gerichtet. Oft schließen die Musiker beim Improvisieren die Augen, um diese Sinnlichkeiten genau zu erfassen. Ich habe

---

[70] Matthias Maschat Performativität in der zeitgenössischen Improvisation in: Kunsttexte 2/2012 www.kunsttexte.de
[71] siehe S. 54

das als Agieren im *Hörraum*[72] bezeichnet, weil mehr als das Visuelle das Auditive eine Rolle spielt und die sinnliche Bereitschaft, die klanglichen Äußerungen der anderen zu hören, anzunehmen und wieder zu verwerten im Vordergrund steht. Wenn das alle tun und sich alle im Hörraum bewegen, dann entsteht – wie bei den Strudeln im Wasser – ein Sog, von dem man mitgezogen wird.

Dies ist besonders schön in den Tonaufnahmen der Kinder der Scharmützelseeschule zu hören, die über lange Zeit Klänge erzeugen, die sich wie magnetisiert aus den Klängen der anderen entwickeln.

Ist dieser Sog einmal hergestellt, können alle Spieler wie auf einer von allen Störungen gereinigten Leitung ihre Ideen als Klänge in die Aktionen der Gruppe einbringen und immer neue, emergente Strukturen bilden.

Viele Gruppenleiterinnen berichten in ihrer Auswertung von Ritualen, die sie mit den Kindern entwickelten. Auch die Reise und der Zauberwald sind solche stark wirkenden Situationen, deren Charaktere sehr animierend, konzentrierend, regelmäßig wiederkehrend und sehr sinnlich fokussiert sind.

Aus der Improvisation entstehende Musik – besonders auf einer Bühne vor einem Publikum, aber auch in oben beschriebenen Ritualen – schafft eine Ausstrahlung nach innen (zu den Musikern) und nach außen (zum Publikum), die diesem Moment eine *Aura* verleiht. So entsteht eine besondere *Atmosphäre* [73]. Im gebannten Mitmachen und mit hoher emotionaler Beteiligung erzeugt sich in der Intensität der aufeinander bezogen spielenden Gruppe ein *Sog*, der die Spieler „magnetisch" mitzieht. Dann ist es unbedeutend, wie alt die Musiker sind, ob sie Profis oder Amateure sind, ob sie ein Instrument beherrschen oder keins – sie alle tauchen ein in die Emergenz, die Präsenz, die Aura und sind in diesem Moment schaffende Künstler.

> „Die Kinder wurden singend von der Kollegin herein geführt: ‚Wer stapft da durch den Zauberwald' Sie schlug an der benannten Stelle den Gong an. Hinter den Kulissen ‚antwortete' der Zauberer mit einem anderen Gong, oder jeweils einem anderen Überraschungsklang."[74]

In einem solchen Spiel, das man auch „versunken" nennen kann, sind die Spieler nicht von der Gleichartigkeit von Klangereignissen betört, wie dies z.B. bei Marschmusik oder stark groovender Musik der Fall ist. Darum geht es in der Versunkenheit der Gruppenimprovisation nicht. Hier bleibt immer der Rest des Unvorhersehbaren.

---

[72] Gagel a.a.O. S. 68ff.

[73] Ähnlich wie ein Spielzug im Fußball, der sich über viele Stationen und gegen ständig sich ändernde Konstellationen entfaltet, auch eine auratische Kraft hat.

[74] Siehe S. 77

Die Kinder agieren individuell, eigenständig, in ihrer jeweiligen Originalität, manchmal auch für einander überraschend. Dann muss die Gruppe das als ein emergentes Ereignis auffassen und für ihr Spiel berücksichtigen. Wenn es gelingt dieses alles als Teil des Sogs wahrzunehmen, dann können die Kinder in ihr Spiel versinken und alles um sich herum vergessen. Sie *sind* dann Klang.

Je nach Intensität des Überraschenden geschieht es aber vielleicht auch, dass so etwas die Konzentration destabilisiert: ein überraschender Einfall zieht die Aufmerksamkeit ab und die anderen, die bis dahin konzentriert gespielt haben, werden abgelenkt. Dann ist die Atmosphäre gestört, die Präsenz aufgehoben, der Zauber verflogen. Hier hat sich jemand in den Vordergrund gespielt, nun spielen alle nur für sich oder vielleicht sogar gegeneinander. Interagieren mit lebendigen Gegenübern erfolgt nach keinen Regeln oder Vorschriften: solche „Abstürze" sind Teil des Spiels. Aber gerade die Gruppenimprovisationspraxis kann von Unaufmerksamkeit, Störungen und Disziplinlosigkeit bestimmt sein und für die Gruppenleiter zu einem Kampf werden, wenn die Spieler nicht die Verantwortung für die Musik, ihre Musik übernehmen wollen oder können. Die Praxis der improvisierenden Künstler, auf deren künstlerischen Prinzipien auch pädagogische Projekte mit Improvisation bauen, lässt den Weg zu einem selbstbestimmten, originellen und sozialen Musizieren am Horizont aufscheinen. In gewisser Weise hat damit das Improvisieren sogar utopischen Charakter. Projekte mit Improvisation für Schüler werden oft mit dieser Vorstellung ins Leben gerufen, ihre Initiatoren haben großes Engagement und „Sendungsbewusstsein". Wer aber länger in der Praxis war, weiß, dass all die genannten positiven Eigenschaften der Improvisation leicht umschlagen können: Aus Emergenz wird dann Quatschmachen, aus Präsenz wird Dazwischenreden, aus Ereignissen werden Störungen, statt einer Aura entsteht Chaos, statt Musik nur Krach und Lärm. Da dies leider viel zu oft passiert, haben manche Lehrer – und Künstler - wenig Mut, auf die Offenheit solcher Improvisationsprozesse in einer Klasse zu bauen. Und selbst die, die sich mit ihrer eigenen künstlerischen Leidenschaft und Liebe zur Musik darauf einlassen, müssen oft vor den Geschehnissen passen. Vor allem im Kontakt mit Schülern von Nicht-Musikschulen ist das – bisher hier nicht verwendete – Wort *Disziplin* des Pudels Kern, um das sich dann alles dreht. Viele Improvisationsprojekte bauen deshalb auf eine gelingende Zusammenarbeit zwischen Lehrern und Künstlern, wobei dann meist die Lehrer für die Disziplin und die Künstler für die Fachlichkeit zuständig sind.

Unterricht als Performance

Das Problem der Disziplin aber zeigt auf, dass künstlerisches Produzieren und Proben und Unterrichten nicht allein von der musikalischen und der sozialdynamischen Seite – von Improvisation und Gruppe – her gesehen werden kann. Ohne die Bereitschaft zur Präsenz, Konzentration, ohne Aufmerksamkeit für sinnliche Ereignisse kann nichts funktionieren. Wer selbst einmal mit anderen improvisiert hat, weiß das – alle MusikerInnen der Improvisation können ohne diese grundlegende Bereitschaft nicht auftreten, alle Teilnehmer von Workshops und offenen Bühnen könnten nicht ins gemeinsame Spiel kommen. Ein unaufmerksames Orchester hat wenigstens noch die vorgeschriebenen Noten – ein unaufmerksames Gruppenimprovisationsensemble spielt nur zusammenhangloses Zeug. Aber um diese Grundvoraussetzung müssen die Lehrer und Künstler erst einmal kämpfen, sie ist überhaupt nicht selbstverständlich. Da helfen schon eingeführte Klassen-Disziplinregeln oder die Schulkolleginnen „als Aufpasser" oder das Arbeiten in Projekt-Lehrerinnenteams. In dieselbe Richtung zielen auch konsequent vertretene Regeln der gemeinsamen Arbeit wie z.B. die Aufforderung, entweder zu spielen oder zu reden oder aber vor jedem Beginn einer Improvisation in einem Moment der Stille innezuhalten[75]. Und manchmal hilft auch der „andere Zustand", in den man geraten kann, wenn die Musik, das Geschehen, die Klanggeschichte „verzaubert" – wenn mit anderen Worten die Performance selbst ihre Kräfte ausspielt und eine Aura entwickelt. Das Unterrichts- und Probengeschehen der vier Projekte - in diesem Falle alle Spielregeln, die Zauberwaldgeschichten, die Klangreise, die freien Improvisationen – beinhaltet einen hohen Anteil von Performance. Die Stücke, die im Unterricht entstehen, sind nicht nur Probe oder Übung, sondern eine (einmalige!) *Aufführung*. Ein Charakteristikum der Improvisation ist eben, dass jedes Stück erst mal gilt – und es nicht (wörtlich) wiederholt und verbessert werden kann. Das nächste Stück sogar derselben Spielregel wird wieder anders. Das Kennenlernen bestimmter Instrumente kann eine Vorphase sein, um dann mit den gewonnen Erfahrungen in die Aufführung überzugehen[76], man kann aber die Erforschung der Nuancen eines Klangs schon als die Improvisation selbst, als (kleine) Performance sehen. Auch professionelle improvisierende Musiker tun das: sie differenzieren in Konzerten in ihren Improvisationen Klänge und variieren vielfältig ihre sinnliche Präsenz. „In performativen Prozessen wird etwas hervorgebracht und zur Darstellung gebracht. An dem Erzeugungsprozess wird der Wahrnehmende – Produzent oder Rezipient – beteiligt. Wahrnehmung wird als Poiesis, als Teilhabe an Hervorbringung und Herstellung verstanden"[77] Wahrnehmung aber läuft auf die Frage nach Qualität hinaus. Damit ist nicht gut oder schlecht, sondern die schlichte sinnliche Qualität von Klang und seinen Parametern gemeint. In einer Performance zu

---

[75] siehe S. 103 f.

[76] siehe die Spielregel *Klänge raten*, S. 56

[77] Gunter Otto Ästhetik als Performance – Unterricht als Performance? In: Hanne Seitz (Hrsg.) Schreiben auf Wasser. Performative Verfahren in Kunst, Wissenschaft und Bildung Essen Klartext Verlag 1999 S. 201

handeln, bedeutet eine Art anderen Modus des Zusammenseins zu finden, ein Um-schichten der Prioritäten vorzunehmen. Das kann z.B. die bewusste Regel sein, dass ab jetzt „alles zum Stück" gehört und dass die Sinne das „Denken übernehmen"[78] und nicht Anweisungen oder Absprachen über den Fortlauf entscheiden. Nehme ich eine Unterrichtsstunde als Performance wahr, sind nur noch die sinnlichen wahrnehmbaren Ereignisse – Klänge und deren Nuancen – nicht aber ihre Erklärung wichtig. Das ist eine andere Perspektive, die sehr wirkungsvoll sein kann.

Das Improvisationsformat der *Offhandopera*, das ich in Berlin einmal im Monat anbiete, arbeitet mit diesem Prinzip: Alle die zu dem offenen Angebot kommen, werden Teil der Performance, in der Texte und klangliche Improvisationen zu einer „Minioper" verschmelzen, deren performativer Spannungsbogen manchmal bis zu anderthalb Stunden andauert. Manche Proben meines Whathappensnext-Ensembles an der Rheinischen Musikschule Köln wurden durch einen immer durchlaufenden Ostinato oder einen Drone-Ton strukturiert. Er bewirkte einen anderen Modus der Wahrnehmung: Alle Klangäußerungen der Spieler wurden zu diesen Basstönen und ihrem Rhythmus in Beziehung gesetzt und die „normale Zeit" begann erst wieder nach deren Ende.

Aber auch in den normalen Unterrichtsstunden, die aus einer Abfolge von Klärung und Probieren, von Improvisieren und darüber Sprechen bestehen (können), ist der Anteil des Improvisierens – d.h. des Spielens als jetzt wirkungsvolles Ereignis – hoch. Wenn eine Gruppe von Schülern eine Spielregel improvisiert, hören die anderen zu. Wir haben eine Aufführung im kleinen: eine Bühne, auf der Dinge passieren, in die die anderen nicht eingreifen sollen, und Hörer, deren Aufmerksamkeit und Genuss befriedigt werden soll. Manche Spielregeln sehen auch vor, dass das Publikum raten soll [79], was die anderen vorspielen. Man kann damit ganz gezielt umgehen, z.B. indem man eine Ton-Aufnahme macht oder gar die kritische Bewertung der anderen ermuntert.

Die intensivsten Stunden in einer sehr unruhigen Jungensgruppe in der Rheinischen Musikschule in Köln erlebte ich, als kleine Bands einander vorgespielt – improvisiert – haben und die Zuschauer dann positive, aber auch kritische Bewertungen abgaben. Das hat die Spieler herausgefordert, konzentriert, präsent und aufmerksam zu sein.

Unterricht und Probe befinden sich also an der Grenze zur Aufführung, und in den öffentlichen Präsentationen – vor Eltern, anderen Schülern usw. – ist naturgemäß die Konzentration und Präsenz am höchsten. Es wird einem zugehört, man wird gesehen

---

[78] Der Philosoph Georg Picht hat den Satz geprägt: „Die Sinne denken".
[79] siehe die Spielregel *Landschaften raten*, Schwabe 1992, S. 43 f.

und gehört, man wird an der Qualität der sinnlichen Ereignisse gemessen.

Alle Projektbeschreibungen in diesem Band berichten von den Aufführungen, von der Konzentration der Kinder, je näher der Termin kam, von der Aufregung und auch Lust sich zu zeigen und der Befriedigung, die der Auftritt brachte. Die Konzentration steigert sich hin zu dem Konzert – im Besteigen der Bühne wird auch dem letzten Schüler klar, dass nun alles „gesehen und gehört" wird, dass andere Gesetze als die normalen gelten: die der Performance.

Verantwortung für sich selbst und für die anderen

Der Bogen wurde gespannt von den Merkmalen der Gruppenkreativität hin zu denen von Kunst als Performance. In der Bewältigung des Unvorhergesehenen kommt zum Tragen, dass Emergenz nur geschehen kann, wenn *Individuen* aufeinander treffen. Gleichgeschaltete Menschen schaffen nur Vorhersehbares, Musik wird dann auch zum Gleichschalten und Einpassen verwendet. Als „doppelte Kontingenz" bezeichnet Niklas Luhmann die Tatsache, dass man nie genau im voraus weiß, was der andere sagt, wie er handelt. Das ist die Grundlage freien Handelns – auch in der Gruppen-improvisation. Aber doppelte Kontingenz kann auch die Ursache von chaotischem Durcheinander sein. Dann nämlich, wenn die Freiheit keine Begrenzung hat, sei es durch die Qualität der Musik oder durch die anderen Spieler. Dafür braucht es aber nicht nur Be- oder Einfriedung durch außen, sondern die Bildung von Selbst-*Bewusstsein* für die Grenzen eigenen Handelns und die Verantwortung der Gruppe gegenüber. Im vermeintlichen Alles-ist-Möglich des Improvisierens wird das oft übersehen und jeder produziert sich auf die bestmögliche Weise.
Die MusikerInnen der Improvisation gehen implizit von solchen gemeinsamen Annahmen aus, auf deren Basis allein Gruppenimprovisation „funktioniert". Es sind Grundwerte und ethische Regeln, die für ihre eigene Kunst selbstverständlich sind. Man muss diese Regeln explizit machen und damit zu einem wesentlichen Teil der Probe werden lassen[80]. Das Einhalten von Stille vor dem Spielen beispielsweise enthält die gemeinsame *Sammlung* im Nicht-Tun und aufeinander Beziehen und das ist Vorstufe für das Gestalten in der *Verantwortung* für das gemeinsame Handeln. Denn verantwortlich sind alle für das gemeinsame Resultat. Daran kann man auch „gemessen" werden – wer stört oder sich produziert auf Kosten anderer, stellt so die gemeinsame Arbeit in Frage. Solche Werte sind z.B. im Mannschaftssport selbstverständlich, sie sind der Garant für Erfolg. Wenn Improvisation auf das individuelle Eigene der Spieler baut, müssen diese sich auch zeigen können und nicht niedergemacht werden

---

[80] siehe S .103 f.

oder sich ängstlich zurückhalten. Das ist *Respekt* und bedeutet, etwas anzunehmen, nicht nur weil es ein Stärkerer gerade durchgesetzt hat, sondern weil man das Besondere und Eigene des Anderen respektiert. Das gilt genauso für die Leitung wie für die Spieler oder Schüler. Für improvisierende Musiker sind Respekt, Verantwortung und Selbst-Bewusstsein die Grundlage ihrer Musik und sie schaffen damit etwas Besonderes. Damit sind sie nicht Bittsteller um die Gunst der Kinder, die gerne Stars oder Leader haben wollen. Improvisierende Musiker können mit ihrem Spiel- (und Unterrichts-) Verhalten ebenso Vorbild sein!

Damit ist das Feld der Freiheit im Improvisieren skizziert. Wenn ich will, dass mein Klang ein Teil der anderen Klänge sein soll, die wiederum eine wahrnehmbare und gelingende Struktur sein wollen, dann muss ich all das erfahrend lernen und wenn es nicht funktioniert vielleicht üben. Das ist dann auch der erste Schritt zur Improvisation – und er findet nicht als Ethik-Unterricht, sondern als differenzierte Klanggestaltung im jeweiligen Stück statt. Im Modus der Performance, im Raum des „Gesehen- und Gehört-Werdens" kann dann etwas geschehen, was für die Beteiligten einen ganz besonderen Wert hat: etwas Besonderes in sich und den anderen zu finden. „Eine unserer Devisen ist, den Schüler dort abzuholen, wo er ist. Müssten wir nicht auch in eine andere Richtung denken: den Schüler dahinzuschicken, wo er noch nie war?"[81] Nicht geschickt werden, sondern selbst suchend zu finden, das ermöglicht den Schülern, ihre eigenen Ideen zu verwirklichen. Das ist der Weg der Improvisation. Wie bei jeder Expedition ins Unbekannte gilt aber dann auch, dass sich alle verantwortlich ins Team einpassen und so den Erfolg mittragen.

---

[81] Otto a.a.O S. 199

Die Autorinnen und Autoren, Workshopleiterinnen und Workshopleiter

Esther Anne Adrian, Jahrgang 1984, schloss 2009 an der Universität der Künste Berlin ihr Studium der Instrumentalpädagogik mit dem Hauptfach Querflöte bei Prof. A. von Stackelberg ab. Nach einem Auslandssemester an der Academy for Music and Dance in Jerusalem setzte sie ihre flötistische Ausbildung an der Musikhochschule Hanns Eisler Berlin fort, wo sie bis Sommer 2011 in der Klasse von Prof. P. Grehl studierte. Seit 2009 ist sie Stipendiatin des Vereins „Live Music Now". Als Orchester- und Kammermusikerin ist sie regelmäßig in Berlin und Umgebung zu hören. In der Spielzeit 2010/2011 war sie als Orchestermusikerin bei den Hofer Symphonikern tätig. Als Musikpädagogin und -vermittlerin arbeitet sie in verschiedenen Projekten mit. Zur Zeit bildet sie sich mit dem berufsbegleitenden Master-Studiengang "Musikvermittlung und Konzertpädagogik" an der Hochschule für Musik in Detmold fort. Im Oktober 2013 wird sie mit einer Promotion zum Thema Sprachförderung durch Musik und Bewegung beginnen, die von der der Ilse-Palm Stiftung gefördert wird.

Klaus Emrich, geboren 1951 in Worms, aufgewachsen in einem rheinhessischen Winzerdorf. Lehrerstudium mit den Fächern Deutsch und Politik. 1975 Lehrer in Ostfriesland; seit 1979 in Berlin (Kreuzberg und anderswo). Diverse Musikprojekte mit dem Jazzbassisten Sirone. Beschäftigung mit afrikanischen Trommelrhythmen in der Grundschule. Zeitschriftenaufsätze. Begegnung mit Ariel Shibolet im Rahmen des Total Music Meetings 2007. In der Folgezeit mehrere Klassen-Workshops mit Ariel Shibolet. Daraus resultieren Auftritte von verschiedenen Klassen beim *Total Music Meeting* 2008 und im *exploratorium berlin* 2011 und 2012.

Dr. Reinhard Gagel, Dr. Reinhard Gagel. Improviser/Researcher (Tasten, Moog Synthesizer), Musik-Projekte zwischen Komposition und Improvisation (Collage-Projekte), internationale Workshoptätigkeit, Improvisationscoaching sowie Forschung über Improvisation in Form von Publikationen und Lecture Performances. Leitete an der Rheinischen Musikschule der Stadt Köln den Fachbereich Improvisation/Komposition. Dissertation über "Improvisation als soziale Kunst". War Mitarbeiter beim Forschungsprojekt "Quo Vadis Teufelsgeiger?" in Wien. Er arbeitet als künstlerisch-wissenschaftlicher Mitarbeiter am exploratorium berlin und als Lehrbeauftragter für Improvisation an der Universität für Musik und Darstellende Kunst, Wien. Weitere Informationen unter www.reinhard-gagel.de

Claudia Hartmann, ursprünglich Diplom-Kulturpädagogin (Literatur, Musik), habe ich sehr bald nach dem Studium eine Rhythmikausbildung absolviert. Seit 1993 gebe ich Rhythmikkurse für Kinder. Seit 2002 bin ich Atemtherapeutin nach Ilse Middendorf und zusätzlich „Atem- und Stimmpädagogin" nach Höller-Zangenfeind. In diesem Bereich arbeite ich hauptsächlich mit Erwachsenen. In Berlin bin ich seit 2000 an verschiedenen Musikschulen tätig, gebe in Grundschulen Musik und Bewegung für 1.-3. Klassen, arbeite in dem Projekt „Sprachförderung mit Musik" seit 2010 aktiv mit und gebe im Rahmen Kooperation mit Schule und Musikschule Gitarrenunterricht für Kinder. Seit 5 Jahren bin ich Mitglied im Improvisations-Ensemble *Sarotti Instant*.

Ulrike Keefer, 1994 Abschluss als Diplom-Musiklehrerin in Karlsruhe. Langjährige Unterrichtstätigkeit an Musikschulen und privat sowie im Bereich der musikalischen Früherziehung. Weiterbildung zur Chorleiterin. 1998 Abschluss als Diplom-Musiktherapeutin an der UdK Berlin. Musiktherapeutische Honorartätigkeit mit Erwachsenen mit mehrfach Schwerstbehinderungen und mit blinden Kindern und Jugendlichen sowie 12-jährige Tätigkeit am SPZ Neukölln. Weiterbildung zur Systemischen Therapeutin/Familientherapeutin am BIF Berlin. Enge Zusammenarbeit mit Kinderschutzorganisatonen. Seit 2006 regelmäßige Dozententätigkeit im Fach Musiktherapie an der Schule für Logopädie der Charité; seit 2010 auch an der Berufsfachschule für Logopädie BEST-SABEL Medicum. Seit 2011 Dozententätigkeit als Musikpädagogin am Sozialpädagogischen Institut Berlin, seit 2012 Anstellung an der Berufsakademie BEST-SABEL (Ausbildungen im Sozialwesen).
Schwerpunkte sind Stimme & Sprache sowie Tanz & Bewegung. Zu diesen Themenfeldern auch regelmäßige Leitung von Fortbildungen.

Susanne Köszeghy lebt als freischaffende Blockflötistin und Musikpädagogin in Berlin. In ihrem Konzertrepertoire spielt die Zeitgenössische Musik eine große Rolle. Über 20 KomponistInnen schrieben Solo- oder Ensemblestücke für sie.
Als Musikpädagogin liegt ihr Schwerpunkt neben der Vermittlung einer ganzkörperlich entspannten Instrumental- und Spieltechnik auf der Entwicklung eines offenohrigen und unvoreingenommenen Zugangs von klein auf zu allen Spielarten von Musik, Klang und Geräusch.
Ihr neues Improvisationsprojekt „Wiesenkonzert" (Outdoor-Musik im Waldkindergarten) präsentiert sie auf der 67. Frühjahrstagung des Instituts für Neue Musik Darmstadt im April 2013.

Karin Meesmann, Flötistin, Pädagogin, Autorin, gebürtig aus Heidelberg, schloss ihre Studien an den Hochschulen für Musik in Detmold und Graz ab. 1987 – 1996 Mitglied im Orchester Traversa-Schoener und Erst- und Uraufführungen im Duo Flöte & Cello. Seit 2004 in Berlin als Flötistin und Pädagogin an der Musikschule Berlin-Reinickendorf tätig, wie vordem in Memmingen, Bad Pyrmont und Wien. Regelmäßig Workshop-Leitung und Projekte im Bereich improvisierter Musik, Musiktheater und Dramaturgie. Seit 1996 Musikberichterstattung für diverse Printmedien und Autorin zahlreicher Features für den Bayerischen Rundfunk, swr2 und Ö1.

Matthias Schwabe, geb. 1958, studierte Komposition und Musiktheorie in Karlsruhe und Hamburg. Ausbildung und Mitarbeit bei Lilli Friedemann in Musikalischer Gruppenimprovisation. Seit 1984 freiberuflich tätig in Berlin als Komponist, Improvisationsmusiker, Musikpädagoge und Musikpädagogik-Autor. Gründungsmitglied des Improvisationsensembles *Ex Tempore*. Fortbildungstätigkeit im Bereich kreativer Musikpädagogik im In- und Ausland. Lehraufträge am Sozialpädagogischen Institut Berlin und an der Universität der Künste Berlin. Zahlreiche Veröffentlichungen über musikalische Improvisation und Kreativität. Mitherausgeber der Fachzeitung zu Theorie und Praxis improvisierter Musik *Ringgespräch über Musikalische Gruppenimprovisation*. Gründer und Leiter des Veranstaltungs- und Fortbildungszentrums für improvisierte Musik *exploratorium berlin*.
Weitere Informationen unter www.matthiasschwabe.com

Angelika Schall, geb. 1959, langjährige Instrumentallehrertätigkeit (Violine), Orchesteraushilfe, Kammermusik. Sie integrierte schon früh improvisatorische Elemente in ihren Unterricht. Sie absolvierte ein Studium für Sozialpädagogik (Alice Salomon Fachhochschule) und für Musiktherapie (UdK Berlin), sowie eine Ausbildung in personzentrierter Spieltherapie (Stuttgart). Integrationsarbeit mit türkischen Kindern in Berlin Kreuzberg, Sozialarbeit in Sao Paulo, Brasilien und im Sozialpsychiatrischen Dienst, Neukölln. Zehn Jahre musiktherapeutische Tätigkeit mit schwer mehrfach behinderten und neurologisch erkrankten Erwachsenen sowie mit Kindern in einem SPZ in Berlin Köpenick. Seither selbständig tätig. Bietet unter anderem Instrumentenkreisel für Kinder und Kurse für Klangimprovisation und Kommunikation an. Sie hat zwei erwachsene Kinder.

Ariel Shibolet, geboren 1972 in Israel, lebt als Saxophonist, Improvisationsmusiker und Komponist in Tel Aviv. Als Jugendlicher Cellounterricht und klassische musikalische Ausbildung, begann 1992 Saxophon zu spielen. Regelmäßige Auftritte in Israel, Europa und USA. Seine Konzerte und CD-Aufnahmen wurden international sehr

positiv rezensiert. Entwickelt Improvisationsprojekte für Kinder. Auftritte beim *Moers-Festival* und *Total Music Meeting* Berlin, u.a. 2008 mit einer Kindergruppe. Mitglied im *Kadima Collective* für improvisierte Musik und im *Tel-Aviv Art Ensemble*. Organisiert Konzerte und Festivals für improvisierte Musik in Israel. Kurator und künstlerischer Leiter des *Tel Aviv Meeting*. Seit 20 Jahren arbeitet er mit Kindern im Bereich Musik und Bewegung (Feldenkrais für Kinder) und entwickelt Spiele für sie. Er unterrichtet Methodik an israelischen Universitäten und gibt Kurse für Pädagogen am israelischen Bildungsministerum. Er schrieb das Kinderbuch „Quiet Turtle", das sich mit improvisierter Musik beschäftigt.
Weitere Informationen unter www.arielshiboletmusic.com